市场营销实训手册

主　编　丁明华　秦笑梅
副主编　王　军　王文娜
参　编　冯　蓉　孔　磊　许　翠
　　　　毕雅婷　王彦红　白晓楠
　　　　张　晓　卞晓雪

北京理工大学出版社
BEIJING INSTITUTE OF TECHNOLOGY PRESS

内容简介

《市场营销实训手册》是在"三教"(教师、教材、教法)改革背景下,针对市场营销、电子商务等开设市场营销课程的专业编写的实训教材。该教材分为认识自己、了解市场、设计产品、营销策划、销售产品、客户管理和创新创业七个工作任务,在传统市场营销理论框架基础上,对内容体系进行重新组合,加入直播带货、商务数据分析、客户画像等元素,力求使教材与时俱进,以更好地满足职业教育发展的需求。

本书适合本科层次职业教育工商管理类、电子商务类专业教学使用,也可作为从事市场营销相关工作的参考用书。

版权专有　侵权必究

图书在版编目(CIP)数据

市场营销实训手册 / 丁明华,秦笑梅主编. --北京:北京理工大学出版社,2021.10(2024.8 重印)

ISBN 978-7-5763-0468-8

Ⅰ. ①市… Ⅱ. ①丁… ②秦… Ⅲ. ①市场营销学-手册 Ⅳ. ①F713.50-62

中国版本图书馆 CIP 数据核字(2021)第 202035 号

责任编辑 / 王晓莉		文案编辑 / 王晓莉	
责任校对 / 周瑞红		责任印制 / 李志强	

出版发行 / 北京理工大学出版社有限责任公司
社　　址 / 北京市丰台区四合庄路 6 号
邮　　编 / 100070
电　　话 / (010)68914026(教材售后服务热线)
　　　　　 (010)68944437(课件资源服务热线)
网　　址 / http://www.bitpress.com.cn
版 印 次 / 2024 年 8 月第 1 版第 2 次印刷
印　　刷 / 河北盛世彩捷印刷有限公司
开　　本 / 787 mm×1092 mm　1/16
印　　张 / 14
字　　数 / 310 千字
定　　价 / 56.00 元

图书出现印装质量问题,请拨打售后服务热线,负责调换

前　言

市场营销是一种涉及面广的经营管理活动，也是实践性很强的学科，随着"三教"改革的不断深入开展，实训课程已经成为专业发展过程中必不可少的支撑。《市场营销实训手册》是市场营销及相关专业的职业本科教材，本教材由一群长期从事市场营销专业课程教学、技能实训教学，有着丰富经验的一线教师和行业企业具有十年以上工作经验的专业人员共同编写。

全书内容分为七个工作任务，按照营销行业工作流程排列，分别是认识自己（讲职业素养）、了解市场、设计产品、营销策划、销售产品、客户管理和创新创业。本教材在内容的组织与安排上有以下特点。

1. 以基于营销行业工作过程的思路编排实训工作任务

每个工作任务中包含若干实训项目，以实训内容为中心，从实训任务说明、实训基本知识、案例学习和实训操作单等环节展开，在完成工作的过程中学习专业技能。每个项目后提供拓展阅读，以供学生进行课外延伸学习。

2. 校企联合，工学结合，共同打造实训教材

本教材聘请行业企业专业人员参与研讨和编写，他们更熟悉营销运作流程，更了解具体的营销工作任务过程，使本教材更适应对营销岗位人才的培养。

本教材由丁明华（第一主编）、秦笑梅（第二主编）担任主编，他们分别编写了工作任务四、工作任务七；工作任务一由王军、秦笑梅编写；工作任务二由王文娜编写；工作任务三由冯蓉编写；工作任务五由孔磊、许翠编写；工作任务六由白晓楠编写；全书由秦笑梅、王彦红和毕雅婷负责统稿。山东华信天地置业发展有限公司总经理张晓、销售经理卞晓雪为本书提供了前沿行业资讯，并参与了部分工作任务四编写的事务。

本书在编写过程中，参考了大量资料，并从公开发表的书籍、报刊和网站上选用了一些案例及资料，在此向作者致以诚挚的谢意。编者所在单位教务处领导和同事给予了很多支持和帮助，在此一并表示衷心感谢。

由于编者水平有限，书中不妥之处在所难免，恳请读者提出宝贵意见，以便今后修订和完善。

编　者
2021 年 6 月

目 录

工作任务一　认识自己——职业素养 ……………………………………………（ 1 ）

　　项目一　营销人员基本素养 ……………………………………………………（ 1 ）
　　项目二　团队合作 ………………………………………………………………（ 9 ）
　　工作任务书　修订学业计划 ……………………………………………………（ 17 ）

工作任务二　了解市场——发现商机 ……………………………………………（ 19 ）

　　项目一　市场调研 ………………………………………………………………（ 19 ）
　　项目二　市场预测分析 …………………………………………………………（ 39 ）
　　项目三　消费者购买行为分析——用户画像 …………………………………（ 55 ）
　　工作任务书　市场调查报告书 …………………………………………………（ 65 ）

工作任务三　设计产品——满足需求 ……………………………………………（ 66 ）

　　项目一　认识产品 ………………………………………………………………（ 66 ）
　　项目二　制定产品生命周期策略 ………………………………………………（ 77 ）
　　项目三　制定品牌策略 …………………………………………………………（ 83 ）
　　项目四　制定产品包装策略 ……………………………………………………（ 91 ）
　　项目五　制定价格策略 …………………………………………………………（ 99 ）
　　工作任务书　新产品的面世 ……………………………………………………（109）

工作任务四　营销策划——制胜法宝 ……………………………………………（111）

　　项目一　认识策划 ………………………………………………………………（111）
　　项目二　营销策划的创意 ………………………………………………………（121）
　　项目三　房地产行业营销策划 …………………………………………………（133）
　　工作任务书　行业营销策划 ……………………………………………………（143）

工作任务五　销售产品——获得利润 ……………………………………………（145）

　　项目一　推销接近 ………………………………………………………………（145）
　　项目二　推销洽谈 ………………………………………………………………（155）
　　项目三　处理顾客异议 …………………………………………………………（161）
　　工作任务书　推销话术集 ………………………………………………………（169）

工作任务六　客户管理——服务至上 ·· (171)

　　项目一　客户开发 ·· (171)
　　项目二　客户沟通 ·· (181)
　　项目三　处理客户投诉 ·· (187)
　　工作任务书　如何建立良好的客户关系 ·· (193)

工作任务七　创新创业——创赢未来 ·· (195)

　　项目一　创新实训 ·· (195)
　　项目二　创业实训 ·· (201)
　　项目三　商业计划书与路演实训 ·· (207)
　　工作任务书　参加创新创业大赛 ·· (215)

参考文献 ·· (216)

工作任务一

认识自己——职业素养

项目一　营销人员基本素养

 **实训任务说明**

1. 实训目标

通过实训项目，使学生熟悉营销职业素养的内容、基本要求，掌握营销人员应具备的职业能力、基本的营销礼仪；要求学生通过合理分工、交流合作、互相讨论和互相启发，初步具备营销人员的职业素质；通过营销礼仪训练，达到各种营销礼仪的规范要求。

2. 能力要求

※**理论要求**

（1）了解营销人员职业素养的内容。

（2）熟悉营销人员应具备的基本职业能力、营销礼仪。

（3）掌握营销礼仪的规范要求。

※**技能要求**

（1）初步具备营销人员的职业素质、职业能力。

（2）通过分组交流与合作，提升个人的营销职业素养。

（3）通过营销礼仪训练，达到各种营销礼仪的规范要求。

※**思政要求**

（1）熟悉企业在运营中应遵循的相关法律法规。

（2）能够在企业运营过程中坚持科学的价值观和道德观。

3. 实训任务流程

（1）授课教师讲解营销职业素养的相关理论知识。

（2）学生通过收集网络资料、实体案例等线上+线下方式，整理涉及企业营销人员职业素养的经典案例，并进行小组讨论与交流。

（3）授课教师给出工作任务背景，学生进行营销礼仪活动设计。

（4）学生进行营销基本礼仪展示，学生和教师对方案进行点评和打分，最终汇总各小组成绩。

 **相关知识**

一、营销人员应具备的基本素质

作为一名优秀的营销人员，应具备五个方面的基本素质，即品德素质、知识素质、技能素质、身体素质、心理素质。

1. 品德素质

品德素质是知识素质、技能素质、身体素质、心理素质得以正常发挥作用的前提，表现为具有高度的觉悟和强烈的事业心，遵纪守法，按章办事，廉洁自律，克己奉公。

2. 知识素质

知识素质是营销人员业务能力的重要组成部分。营销人员处在企业的第一线、市场最前线，时刻面对突如其来的纷繁复杂的事件，因此应具备综合的知识素质，主要包括企业知识、产品知识、顾客知识、市场知识、法律知识和礼仪知识。

3. 技能素质

营销工作是一项专业工作，因此，合格的营销人员不仅应具备一定的知识素质，而且要具备必要的专业技能。也就是说，不仅要掌握营销人员的"应知"，而且要掌握营销人员的"应会"。营销人员的专业技能，即营销能力，是一种综合性的能力，是多种能力的集合，主要表现为口头表达能力、人际沟通能力、事业开拓能力、综合分析判断能力、创造性思维能力、统筹策划能力等。

★课堂练习

麦肯锡要求他的每一个业务人员，都必须有在30秒的时间向客户介绍方案的能力。请你以"自我介绍"为主题，在30秒内介绍自己。其余同学用表1-1所示的表格记录自我介绍得分情况。

表1-1 自我介绍得分情况

姓名	得分（最高分10分）	姓名	得分（最高分10分）

4. 身体素质

营销工作表面上看自由度很大，不需要"996"（早上9点上班、晚上9点下班、一周工作6天的工作制度），而实际上营销工作的独特性质决定了营销人员大部分时间要独立完成工作，要不断与客户联络，经常出差。营销工作的性质就要求营销人员应精力充沛、头脑清醒和行动灵活。

5. 心理素质

心理因素对工作成就的影响是有科学依据和充分事实的。具体而言，对营销人员心理素质的要求主要是具有敏捷的认识力、健康的情感、坚强的意志、良好的个性。

★ 知识链接

营销人员的基本素质与专业能力，如图1-1所示。

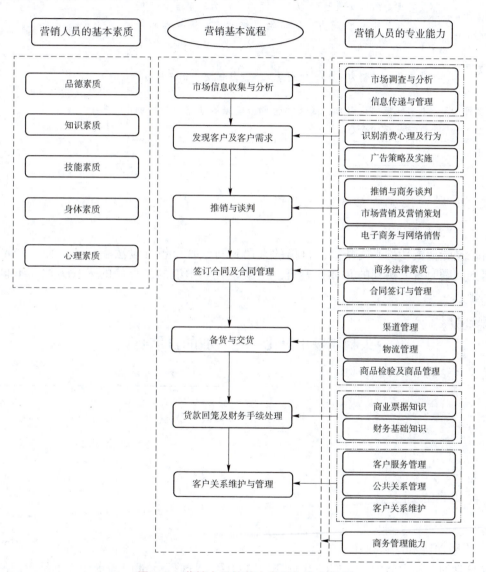

图1-1 营销人员的基本素质与专业能力

★ 课堂练习

请按照上述营销人员应具备的基本素质内容，结合自己的实际情况，对照表1-2进行自测。

表 1-2　营销人员基本素质自测表

基本素质	基本要求	自测得分	备注
品德素质（20分）	具有高度的觉悟和强烈的事业心，遵纪守法、按章办事，廉洁自律、克己奉公		
知识素质（20分）	具有扎实的理论知识、法律法规知识、企业知识、商品知识、用户知识、市场知识、礼仪知识、社会知识等		
技能素质（20分）	具有良好的口头表达能力、人际沟通能力、事业开拓能力、综合分析判断能力、创造性思维能力、统筹策划能力等		
身体素质（20分）	体魄强健、精力充沛、仪表端庄、思维敏捷、记忆良好		
心理素质（20分）	具有敏捷的认识力、健康的情感、坚强的意志、良好的个性与积极的心态		
合计得分			

二、营销人员应具备的职业素养

1. 高度的自信心

自信是走向成功的必要条件，自信的人遇到问题时会想方设法去解决，而一个不自信的人遇到问题时首先想到的是如何避开。这就是我们常说的，自信的人找方法，不自信的人找问题。

★课堂练习

头脑风暴小讨论——"我的自信心"。

请将讨论成果写下来。

2. 强烈的责任感和使命感

在日常的工作生活中，我们经常听到这样的话："这是××部门的责任，不是我们的错。"类似这样的——部门推部门，下级推上级，上级推下级……推诿和逃避责任。在工作中，我们必须承担对实现工作目标的责任，一个没有责任感和使命感的人，生活本身就失去了意义。

3. 较强的学习能力

社会中的每个人、每个企业都有其存在的价值，都有不同于别人的闪光点。只有虚心学习其优点，并结合自身特点有效地吸收与消化，自己才能不断成长，不断强大。

4. 出色的计划能力

运筹于帷幄之中,决胜于千里之外。行动前的计划是一名营销人员每天必做的功课。日计划、周计划、月计划、年计划等,都是有必要的,因为只要确定了明确的目标,针对销售目标制订合理的销售计划,后期的工作才会目标明确、有条不紊。营销人员最忌讳的是工作的盲目性。

5. 强大的执行力

再好的计划,也必须不折不扣地执行才能实现预期的目标。

6. 较强的信息技术与办公软件应用能力

信息技术与办公软件应用是现代职场人人应具备的基本能力,具体包括互联网、多媒体、微信、钉钉、QQ 以及 Office 或 WPS 软件应用能力。信息技术和办公软件是当前创新性营销策略的基础,尤其是网络营销和移动营销,都需要营销从业者具备最基本的信息技术。

7. 专业的营销能力

做好营销领域的各项工作还必须具备非常强的营销专业能力,包括市场调查与分析能力、信息传递与管理能力、识别消费者心理及行为能力、广告策划与实施能力、推销与商务谈判能力、营销策划能力、电子商务与网络销售能力等。营销人员的核心能力与拓展能力如图 1-2 所示。

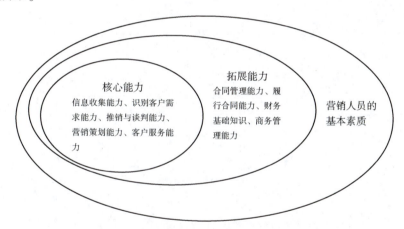

图 1-2 营销人员的核心能力与拓展能力

8. 正确的营销理念

营销理念是营销人员进行推销活动的指南。正确的营销理念能够引导营销人员在营销工作中坚持诚信原则,全心全意为顾客服务,树立个人营销口碑和市场信誉。

 拓展阅读

商务礼仪基础知识。

商务礼仪基础知识

实训操作单

实训操作单如表1-3所示。

表1-3 实训操作单

小组名称：		小组成员：			
任务名称	营销人员招聘				
任务背景	山东华信集团成立于2020年，公司下设房地产板块。为配合新项目的销售，公司决定招聘专业营销人员。				
任务实施	1. 以小组为单位，每组设组长1名，负责组织本组成员进行实训。 组长： 2. 成立模拟人力资源部进行营销人员招聘。 3. 组中同学轮流应聘。 <table><tr><td>序号</td><td>应聘人员</td><td>得分（最高分10分）</td><td>备注</td></tr><tr><td>1</td><td></td><td></td><td></td></tr><tr><td>2</td><td></td><td></td><td></td></tr><tr><td>3</td><td></td><td></td><td></td></tr><tr><td>4</td><td></td><td></td><td></td></tr></table> 4. 根据应聘结果，确定是否录用。 5. 教师对学生表现进行点评。				
实训分工					
学生实训综合评估	教师评分	评价标准	分值/分	得分	备注
		选择队长	20		
		面试官表现	30		
		应聘人员表现	50		
	生生互评评语				
	自我修正				

 学生作业粘贴处

项目二　团队合作

实训任务说明

1. 实训目标

通过实训项目，使学生了解团队合作的重要性，消除对团队合作的误解，培养个人的团队合作意识。

2. 能力要求

※**理论要求**

了解团队合作的误区。

※**技能要求**

具有团队合作精神和协调团队内部人际关系的能力。

※**思政要求**

遵守职业道德，在工作过程中树立正确的价值观。

3. 实训任务流程

（1）授课教师讲解团队合作的相关理论知识。

（2）授课教师给出工作任务背景，学生进行自由组队。

（3）学生进行小组组名和 Logo 分享，教师对方案进行点评和打分，最终汇总各小组成绩。

相关知识

营销人员单兵作战势单力薄，要想具有强大的战斗力，必须进行团队作战。营销人员在开拓市场时，离不开产品研发、包装设计、促销、物流配送、财务结算等各个方面的配合，其中任何一环出了问题都会影响销售。许多营销人员对团队合作存在误解，只有消除这些误解，才能培养团队合作意识，提高团队合作能力。

一、团队合作的误区

1994 年，美国管理学专家斯蒂芬·罗宾斯首次提出了"团队"的概念：为了实现某一目标而由相互协作的个体所组成的正式群体。在随后的 10 年里，"团队合作"的理念风靡全球。

团队合作是一种为达到既定目标所显现出来的自愿合作和协作。这可以调动团队成员的所有资源和才智，自动驱除不和谐及不公正现象，同时给予那些诚心、大公无私的奉献者以适当的回报。如果团队合作出于自觉自愿，那么必将会产生一股强大而持久的力量。

对于团队合作，主要存在以下误解。

（一）"冲突"会毁了整个团队

团队各成员之间是否应该一团和气？如果团队成员之间产生"冲突"，一定会破坏团队合作吗？通常，团队管理者害怕团队中发生冲突。一方面，过于激烈的冲突会引发团队内部的分裂，带来不和谐；冲突中受打击的一方会伤及自尊，同时也会对各成员的自信心造成很大的影响，不利于团队整体工作效率的保持和提升。另一方面，团队领导者把冲突视为对领导权威的挑战，从而担忧失去对团队的控制。其实，对于团队建设而言，适当、建设性的良性冲突能够将被掩盖的问题和不同意见摆上桌面，进而通过讨论和合理决策解决问题。

（二）"1+1"一定大于或等于 2

团队成员之间产生内耗和冲突，往往会使整个团队变得不和谐，在这种情况下，"1+1"不仅不会大于或等于 2，而且会小于 2。

（三）"个性"是团队的天敌

每个团队成员都有自己的个性，这是无法也无须改变的。团队合作的艺术就在于发掘组织成员的优点，根据其个性和特长合理地安排工作，以达到互补的效果。

通用电气（GE）公司前执行总裁杰克·韦尔奇曾经提出"运动团队"的概念，其中很重要的一点就是团队的每位成员都干着与别的成员不同的事情，团队要区别对待每位成员，通过精心设计和相应的培训使每位成员不断发展自己的特长和才能。高效的团队是由一群有能力的成员组成的，他们具备实现理想目标所必需的技术和能力，而且具有相互之间良好合作的个性品质，从而能够出色地完成任务。

团队合作小游戏——"赢家游戏"

游戏目的：培养学生的合作意识，增强凝聚力。
游戏道具：XY 牌、得分表、得分规则。
游戏过程：

(1) 学生自由分组，每组 4 人。

(2) 教师给每组学生发一张得分表，和一套 XY 牌，要求各组按照如表 1-4 所示的得分规则进行游戏。

(3) 各小组统计各人得分和小组得分，将得分统计到如表 1-5 所示的得分表中，并总结经验，形成书面材料。

表 1-4 "赢家游戏"得分规划

小组出牌情况		得分	
情况 1	4 个 X	每人	-1
情况 2	3 个 X	每个出 X 者	+1
	1 个 Y	每个出 Y 者	-3
情况 3	2 个 X	每个出 X 者	+2
	2 个 Y	每个出 Y 者	-2
情况 4	1 个 X	每个出 X 者	+3
	3 个 Y	每个出 Y 者	-1
情况 5	4 个 Y	每人	+1

表 1-5 得分表

	轮次	加分	你的出牌	小组出牌情况		你的得分
组名：	1	无		个 X	个 Y	
	2	无		个 X	个 Y	
	3	无		个 X	个 Y	
	4	无		个 X	个 Y	
成员：	5	×3		个 X	个 Y	
	6	无		个 X	个 Y	
	7	无		个 X	个 Y	
	8	×5		个 X	个 Y	
	9	无		个 X	个 Y	
	10	×10		个 X	个 Y	
个人得分合计：						
小组得分合计：						

二、团队合作意识训练

个体的成功永远需要团队的支持,这也印证了"人是社会的人"的道理。是否具有团队意识已经成为一个人能否融入所在团队,能否在团队中做出成绩的先决条件。

(一) 了解团队合作的基础

团队合作的基础主要体现在以下三个方面。

1. 建立信任

团队各成员之间及团队领导与组员之间都应该建立相互的信任,对于出现的错误或过失要学会自如、迅速、心平气和地承认,认可别人的长处,这样才能建立一个有凝聚力的高效团队。

2. 善用良性冲突

团队中存在冲突并不可怕,也不应该畏惧。良性的冲突远比虚假的和谐更能让团队成员识别问题,进而解决问题。

3. 无怨无悔为彼此负责

承担责任看似简单,但实施起来则很困难。优秀的团队不需要领导提醒,团队成员也会竭尽全力地工作,因为他们很清楚需要做什么,也会彼此提醒注意那些无助于成功的行为和活动。不愿承担责任的团队对于不可接受的行为一般则采取向领导汇报或在背后说闲话等方式,这些行为不仅会破坏团队的士气,而且让那些本来容易解决的问题迟迟得不到解决。

(二) 训练个人的团队意识

1. 做好自己的事,但自己的业绩不单纯就是自己的

在团队合作中,基本的要求就是把自己的事情做好。团队的任务都是有分工的,分配给自己的任务就要按时做好。只有这样,才不会给别人带来麻烦;只有在这个前提下,才能去帮助其他成员。但是做好自己的事,不能认为业绩就应该是自己的。设想一下,没有工人生产产品,你拿什么卖给客户;没有财务部门的精确核算,你以什么样的价格卖给客户;没有后勤保障,客户来公司后谁来接待。可见,每一笔交易的背后都有全体工作人员的默默支持。所以,要清醒地意识到,自己的业绩并不完全是自己的,一定有团队其他成员的一份功劳。

2. 团队价值高于一切

对于企业来说,一个员工业绩良好不能维持企业的生存与发展,只有团队成员的业绩都好,企业才能可持续发展。我们除了做好自己的工作外,一定要把整个团队的价值放在首位。

3. 信任同伴,学会配合

既然是团队成员,就要相信自己的伙伴,一个团队只有在充满信任的氛围中才可能高效工作。如果大家相互猜忌,互不信任,那么分工就不可能实现,因为总有一些任务依赖于别的任务;同时,猜忌的气氛让每一个人都不能全心投入工作,也不利于团队成员工作能力的发挥。团队成员之间要互相信任,同时也要学会互相配合,这样才能达到整个团队

的目标,更能促进个人的发展。团队的其他成员随时都在配合你,你也要随时配合别人。例如,人力资源部门的培训是为了让你更好地销售服务,财务部门要你填写报表是为了进行市场经费调配。

信任游戏

游戏目的:加强团体成员彼此的信任感与安全感,引导个体进行自我探索。

游戏过程:(1)学生自由组队,每队三人。
(2)两人扮演带领者,一人蒙住眼睛,扮演被带领者。
(3)两组同时比赛,由带领者带被带领者从起点向终点出发。
(4)先到达终点的队伍获胜。
(5)教师分别了解带领者和被带领者的感受,并进行总结。

4. 团队成员要互助

对于营销人员来说,假如只关注自己市场的好坏,自己有好的方法不愿与其他同事分享和交流,怕别人的业绩超过自己,那就是故步自封。显而易见,一个企业只有你的业绩好,别人的业绩都很差,企业怎么发展,你又有什么发展空间?可见,学会帮助别人,其实也是在帮助自己。只有整个团队互相帮助,才能促进整体进步。

5. 少批评,多赞美

在团队中,要学会用赞赏的眼光看待同伴。每一个个体都有自己的长处和短处,而且性格差异也很大,所以一定不能用自己的价值观评判同伴。在工作中,尽可能地对自己要求高一点,对别人要求低一点。赞赏是认同的一种表现形式,赞赏也是同事关系的润滑剂。只要用心发现同伴的长处并给予赞赏,团结的气氛就会越来越浓烈。

6. 享受团队成功的喜悦

团结最简单的表现就是齐心协力。例如,市场部超额完成了销售计划,尽管经历了之前大半年的精神紧张和工作压力,身心疲惫,但是部门所有成员在得到成功的消息时,一定都会欢呼庆祝,因为他们一起承受了压力,一起付出了汗水,因此在胜利来临的时候才能一起享受成功的喜悦。

一个团结的队伍,首先要有享受团队成功的愿望,并愿意为此付出。把团队成功的喜悦当成自己的喜悦,才能融入团队,并且有动力为团队的目标努力奋斗。

拓展阅读

推荐书目

1. 赵伟. 高效能团队设计 [M]. 北京:台海出版社,2019.
2. 倪云华. 团队就是人心齐 [M]. 南京:江苏凤凰文艺出版社,2019.

思维导图

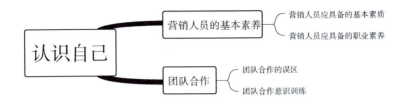

实训操作单

实训操作单如表 1-6 所示。

表 1-6 实训操作单

小组名称：		小组成员：			
任务名称	组建团队				
任务背景	在后面的工作任务中，有许多需要以小组为单位进行的任务，为保障后期教学的顺利进行，请学生以 4~6 人为一组，分成小组，并给小组命名，画出小组 Logo。				
任务实施	1. 自由组队，每组人数不得低于 4 人。 2. 若无法顺利完成组队，由教师指定队长，再由队长进行组员的选择。 3. 各小组确定组名。 4. 各小组展示小组 Logo。				
实训分工					
学生实训综合评估	教师评分	评价标准	分值/分	得分	备注
		队长选择过程	15		
		小组组名	25		
		小组 Logo	30		
		成员间的互补性	30		
	生生互评评语				
	自我修正				

学生作业粘贴处

工作任务书　修订学业计划

一、再遇未来的你

我们常常说，如果再回到过去，我一定会成为我想成为的那种人。那我们想做什么样的人呢？试想一下，毕业 5 年后的第一次同学聚会，大家交换着自己的名片，你希望自己的名片上写着什么呢？请在下面的画布中画出毕业 5 年后你的名片。

二、成为未来的你

为成为自己想成为的人，依据你未来 5 年的成长计划，填写表 1-7。

表 1-7　未来 5 年的计划表

时间跨度	基本任务	总目标	分目标	策略和步骤

工作任务二

了解市场——发现商机

项目一 市场调研

 **实训任务说明**

1. 实训目标

通过实训项目，了解什么是市场调研以及市场调研的流程和方法，学会设计具体的市场调查方案，学会问卷的设计；能进行实地调研，并将收集的资料数据进行统计、整理、展示、分析；明确市场调研报告的结构，学会撰写市场调研报告。通过小组成员间的合作完成相关的实训项目。

2. 能力要求

※理论要求

（1）了解市场调研的含义以及市场调研的流程和方法。

（2）掌握市场调查方案包含的内容以及调查问卷设计的相关技巧。

（3）掌握市场调研报告的结构和撰写要求。

※技能要求

（1）会设计调查方案和调查问卷。

（2）能通过团队合作，做好分工，进行实地调研。

（3）能对收集的资料数据进行统计、整理、展示、分析。

※思政要求

遵守职业道德，调研过程中不弄虚作假。

3. 实训任务流程

（1）授课教师讲解市场调研的相关理论知识。

（2）老师下达任务，学生以小组为单位设计调查方案和调查问卷，然后做好人员分工，进行实地调研，收集数据资料；接下来对收集的数据资料进行统计、整理、展示、分析，并撰写市场调研报告。

（3）学生以小组为单位对调研报告进行展示，教师进行点评与打分。

相关知识

一、市场调研含义

市场调研是市场调查与市场研究的统称,它是个人或组织根据特定的决策问题而系统地设计、搜集、记录、整理、分析及研究市场各类信息资料、报告调研结果的工作过程。

市场调研是一种借助信息把消费者、顾客及公共部门和市场联系起来的特定活动。这些信息用以识别和界定市场营销的机会和问题,设计、改进和评价营销活动,监控营销绩效,加深对营销过程的理解。

二、市场调研流程

市场调研流程如图 2-1 所示。

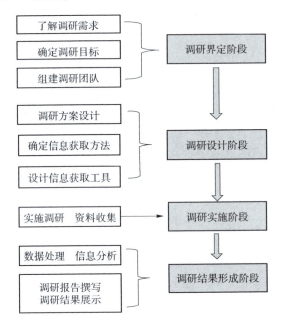

图 2-1 市场调研流程

（一）调研界定阶段

在调研界定阶段,主要了解调研需求,确立调研目标,组建调研团队。

（二）调研设计阶段

在调研设计阶段,主要确定调研方案（包括问卷设计和组织实施计划）,确定信息的类型和来源,确定信息获取的方法和工具,确定抽样方案及样本容量。

（三）调研实施阶段

在调研实施阶段,主要进行实时调研,收集资料。

（四）调研结果形成阶段

在调研结果形成阶段,主要进行数据处理,分析数据资料,展示数据资料,得出结论,撰写最终调研报告。

三、研究方法

（一）文案调研

文案调研主要是对网上的资料和图书馆的书籍信息等二手资料的收集、整理和分析。随着移动互联时代的到来，对互联网产生的海量数据进行深度分析和挖掘越来越得到人们的重视。

（二）实地调研

实地调研可分为询问法、观察法和实验法三种。

1. 询问法

询问法就是调查人员通过各种方式向被调查者发问或征求意见来搜集市场信息的一种方法。它可分为深度访谈、GI（Good Idea）座谈会、问卷调查等方法，其中问卷调查又可分为电话访问、邮寄调查、留置问卷调查、入户访问、街头拦访等调查形式。

2. 观察法

观察法是调查人员在调研现场，直接或通过仪器观察、记录被调查者行为和表情，以获取信息的一种调研方法。

3. 实验法

实验法是通过实际的、小规模的营销活动来调查某一产品或某项营销措施执行效果等市场信息的方法。实验法的主要调查内容有产品的质量、品种、商标、外观、价格、促销方式及销售渠道等。实验法常用于新产品的试销和展销。

（三）特殊调研

特殊调研有固定样本、零售店销量、消费者调查组等持续性实地调查，投影法、推测试验法、语义区别法等购买动机调查，CATI（Computer Assisted Telephone Interview，计算机辅助电话访谈）调查等形式。

（四）竞争对手调研

竞争对手调研指通过一切可获得的信息，包括产品及价格策略、渠道策略、营销（销售）策略、竞争策略、研发策略、财务状况及人力资源等，来查清竞争对手的状况，发现其竞争弱势，帮助企业制定恰如其分的进攻战略，扩大自己的市场份额；另外，针对竞争对手的优势，需要制定回避策略，以免发生对企业的损害事件。

四、市场调查方案与问卷设计

（一）市场调查方案设计

市场调查是一项复杂的系统工程，工作量大，内容繁杂，研究的目的和任务又客观要求调查资料的准确性、全面性和及时性，为了做好本阶段的工作，在调查工作开始之前，必须制定一个纲领性文件，对整个阶段的工作进行统筹考虑、合理安排，保证调查工作的效率和质量，这就是调查方案。调查方案是调查工作有计划、有组织地系统进行的保证，其质量对调查数据的质量有直接影响。

1. 市场调查方案的内容

一份完整的市场调查方案一般包括如下几方面内容。

（1）调查目的。调查目的是任何一套方案都要首先明确的问题，是行动的指南。

（2）调查对象和调查单位。调查对象即总体，调查单位即总体中的个体。

（3）调查项目和调查表。调查项目即指对调查单位所要登记的内容。调查表就是将调查项目按一定的顺序所排列的一种表格形式。调查表一般有两种形式：一览表和单一表。一览表是指把许多单位的项目放在一个表格中，它适用于调查项目不多时；单一表是指在一个表格中只登记一个单位的内容。

（4）调查时间。调查时间是指调查资料所属的时间。

（5）调查地点。调查地点是指调查对象在什么地点接受调查，即调查项目要选取的样本区域。

（6）调查方式和方法。调查方式和方法是指采用什么样的方式方法取得调查资料。统计调查的方式包括普查、抽样调查、重点调查、典型调查、统计报表五种形式，在设计调查方案时，要根据调查对象和研究任务选择调查方式。所谓调查方法，也就是调查资料的具体搜集方法，包括访问法、问卷法、电话法、观察法等。

（7）调查组织和实施的计划。

2. 市场调查方案的设计

根据市场调查方案包含的内容，市场调查方案的设计可以归纳为5W2H法。具体如下。

（1）确定调查目的（Why），即明确为什么调查。调查目的要符合客观实际。

（2）确定调查对象和调查单位（Who），也就是明确调查谁，即确定调查的范围。

（3）确定调查项目和调查表（What），明确调查什么，设计调查表格或调查问卷。

（4）确定调查时间（When），如果是时期现象，要明确调查对象选取的是从何年月日起至何年月日止的资料；如果调查的是时点现象，就要规定统一的标准时点。

（5）确定调查地点（Where），明确调查资料选取的地点范围。

（6）确定调查方式方法（How），明确调查所采取的方式方法。

（7）确定调查组织和实施的计划（How），包括人员配备与培训、文件准备、经费预算、资料报送方法等。

（二）调查问卷的设计

近些年，问卷调查不仅成为市场调查的重要环节之一，也是其他调查中搜集资料的一种主要方式。问卷调查也称问卷法，是设计者运用统一设计的问卷向被调查者了解情况或征询意见以收集信息的调查方法。过去的问卷调查以纸质问卷为主，随着网络的发展，电子问卷因其方便性和经济性成为更受欢迎的资料收集方式。

问卷又称调查表，是社会调查研究中收集资料的一种工具，以问题的形式系统地记载调查内容的一种文件，其实质是为了收集人们对某个特定问题的态度、行为、特征、观点或信念等信息而设计的一系列问题。

1. 问卷的类型

（1）根据不同的载体，调查问卷可分为纸质问卷和网络问卷，相应的调查也分纸质问卷调查和网络问卷调查。纸质问卷调查就是调查公司通过雇佣人员分发这些纸质问卷，并回收答卷，加以分析，完成调查。网络问卷调查，就是用户依靠在线调查问卷网站来进行调查，而这些网站提供设计问卷、发放问卷、分析结果等一系列服务。

（2）按照问卷的结构，调查问卷可以分为无结构型问卷和结构型问卷两种。无结构型问卷是一种没有严谨结构、无须设计一定格式的问卷。无结构型问卷均为开放式问卷，调查表上没有拟定可选择的答案，所提出的问题由被调查者自由回答而不加任何限制，如"你对目前我国市场上出售的保健品有何看法"，这种问卷形式的优点是可以搜集到广泛的资料，便于被调查者自由发表意见，缺点是资料难以量化分析。结构型问卷是对调查表中所提出的问题都设计了各种可能的答案，被调查者从中选择答案。此种问卷便于被调查者回答，有利于资料的收集整理和统计分析，因此在实际中应用较广。

2. 问卷的基本结构

（1）标题。标题要有吸引力。

（2）开头部分。开头部分包括问候语、填写说明、调查组织者、选样的原则、调查结果的使用者、保密措施、问卷编号等内容。

（3）背景资料部分。背景资料部分主要写被调查者的基本情况，包括性别、年龄、文化程度、职业、地区等。

（4）主体部分。主体部分有调查问题与选项答案，是调查问卷的核心内容。问题的内容取决于调查的目的和调查的项目。问题一般有开放式问题和封闭式问题两种。开放式问题不提供答案，要求被调查者根据问题写出描述性的情况和意见。封闭式问题预先有答案供被调查者选择，答案标准，便于量化处理，但创造性受约束。设计问卷时，开放式问题和封闭式问题可以结合应用。

3. 问卷设计的注意事项

（1）有明确的主题。根据调查主题，从实际出发拟题，问题目的明确、重点突出，不设计可有可无的问题。

（2）结构合理，逻辑性强。问题的排列应有一定的逻辑顺序，符合应答者的思维程序。一般是先易后难、先简后繁、先具体后抽象。能引起兴趣的问题先行，开放性问题放最后。

（3）通俗易懂。问卷应使应答者一目了然，并愿意如实回答。问卷中语气要亲切，符合应答者的理解能力和认识能力。用词要确切、通俗，避免使用专业术语。对敏感性问题采取一定的技巧调查，使问卷具有合理性和可答性，避免主观性和暗示性，避免诱导性提问和否定式提问，以免答案失真。

（4）控制问卷的长度。回答问卷的时间控制在 20 分钟左右，提问内容尽可能短。

（5）便于资料的校验、整理和统计。

★案例

关于大学生体育锻炼的调查问卷

您好，我是＿＿＿＿＿＿＿＿＿＿＿＿＿＿专业的学生，现在正在进行关于大学生体育锻炼情况的调查，希望通过您，了解我校大学生体育锻炼的真实情况。

我们从全校全日制专、本科生中随机抽取了部分学生进行调查，您是其中的一位。您的参与对于本次调查十分重要。本调查匿名填写，答案没有对错之分，您提供的情况我们将严格保密，感谢您的支持！

1. 您的性别：

A. 男　　　　　　　　B. 女

2. 您所在的年级：

A. 大一　　　　B. 大二　　　　C. 大三　　　　D. 大四

3. 您一般喜欢在什么时段锻炼：

A. 清晨　　　　B. 下午　　　　C. 晚上

4. 您每次锻炼多久：

A. 30 分钟　　　B. 30~60 分钟　　C. 超过一个小时　　D. 不锻炼

5. 您进行锻炼的频率：

A. 每天　　　　B. 隔天一次　　　C. 不固定的

6、您运动的动机来自（可多选）：

A. 锻炼身体　　B. 保持体形　　　C. 放松身心　　　D. 兴趣所致

E. 受他人影响　F. 应付大学体育

7. 您一般做哪些体育运动（可多选）：

A. 篮球　　　　B. 足球　　　　　C. 羽毛球　　　　D. 跳绳

E. 跑步　　　　F. 网球

8. 您在进行锻炼时通常：

A. 独自一人　　B. 和他人一起

9. 哪些因素限制了您进行锻炼：

A. 场地设施　　B. 时间　　　　　C. 天气

D. 兴趣　　　　E. 其他因素

10. 您平时休息时间一般做什么：

A. 看书　　　　B. 上网　　　　　C. 做兼职

D. 和人逛街　　E. 睡觉　　　　　F. 其他

11. 您自己是否掌握一些锻炼的技巧和知识：

A. 一些　　　　B. 没有

12. 您有自己的锻炼计划：

A. 有　　　　　B. 没有

13. 您喜欢体育运动吗：

A. 喜欢　　　　B. 不喜欢　　　　C. 一般

14. 您了解自身的身体状况吗：

A. 了解　　　　B. 不了解

15. 您怎样看待学校的运动设施和开放状况：

A. 满意　　　　B. 不满意

16. 您对大学生身体素质、体育锻炼有什么建议和看法？

谢谢您的合作！

请对上述调查问卷内容进行修改，并将修改后的内容上传至在线调查网站，在一周内，邀请60位同学填写调查问卷，并对调查数据进行整理，完成调查报告。

大学生参加体育锻炼调查报告

五、调查资料的整理与展示

对调查资料进行统计整理，是将调查取得的原始资料和经过一定程度加工、整理的次级资料，按照科学的方法进行审核、分组、汇总，使之条理化、系统化，以说明现象总体数量特征的工作。对调查资料进行统计整理是统计工作的中间环节，具有承前启后的作用，它是统计调查工作的继续，又是统计分析工作的前提。

统计整理的内容通常包括：第一，根据研究任务的要求，选择应整理的指标，并根据分析的需要确定具体的分组；第二，对统计资料进行汇总、计算；第三，通过统计表和统计图描述汇总的结果。图表是最行之有效的表现手法，它能非常直观地将研究成果展示出来。

（一）常用的数据分析工具

常用的数据分析工具有很多，如Excel、SPSS、Minitab、Python、Power BI 等，其中Microsoft Excel 以其使用的广泛性和操作的便利性，被广泛应用于制作统计图表、计算和整理分析数据。因此，本部分重点介绍Excel 在市场调查数据分析中的使用。

（二）Excel 软件数据分析操作

Microsoft Excel 是微软公司的办公软件Microsoft Office 的组件之一，Excel 具有强大的数据分析和处理功能及简单、高效的操作特性。

1. 数据导入

打开一个新建的Excel，在上方的菜单栏中，单击菜单栏的"数据"选项。单击后，在数据下方，可以选择导入数据的来源，比如"自文本"，如图2-2所示。

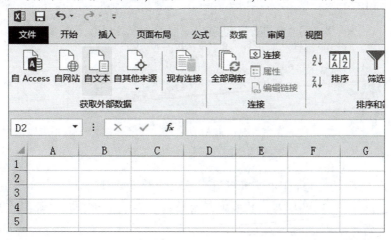

图2-2 数据导入

单击"自文本"后,找到需要导入的数据文件,然后打开。打开后,会显示"文本导入向导"对话框,根据提示,单击"下一步",如图2-3所示。

图2-3 文本导入向导

根据向导设置文件的格式,设置后单击"完成",如图2-4所示。

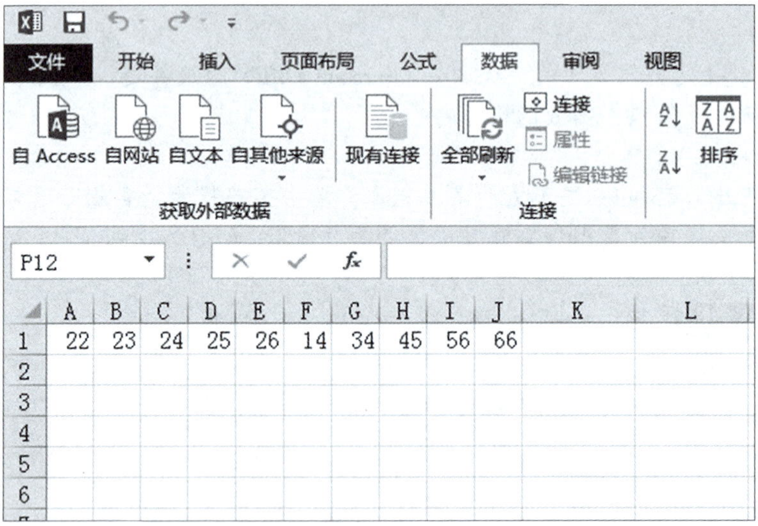

图2-4 文本导入向导完成

单击"完成"后,在Excel中就可以看到导入的数据文档。

除此之外,Excel还可以导入自其他来源的数据。一般来讲,获取数据之后,需要对数据进行清洗,特别是那些通过网络问卷调查等得到的数据,首先应将这些数据的重复项、无效数据、空值等全部清洗掉。

2. 数据处理——使用 Excel 函数

在 Excel 中，函数实际上是一个预先定义的特定计算公式，用户可以用这些公式对指定区域的数据进行指定运算。Excel 函数有很多，在计算机基础课程中，大家已经学习了一些常用的 Excel 函数，如 SUM 求和、COUNT 计数、AVERAGE 函数计算指定区域的平均值、RANK 函数排序等，下面主要介绍在市场调研数据处理中常用的 Excel 函数。

（1）条件求和：SUMIF、SUMIFS 函数。SUMIF 函数用于单条件求和，即求和条件只能有一个。语法结构为：SUMIF（条件范围，条件，求和范围）。SUMIFS 函数用于多条件求和，即求和条件可以有多个。语法结构为：SUMIFS（求和范围，条件1范围，条件1，条件2范围，条件2，……，条件N范围，条件N）。

（2）条件计数：COUNTIF、COUNTIFS 函数。COUNTIF 函数用于单条件计数，即计数条件只能有一个。语法结构为：COUNTIF（条件范围，条件）。COUNTIFS 函数用于多条件计数，即计数条件可以有多个。语法结构为：COUNTIFS（条件范围1，条件1，条件范围2，条件2，……，条件范围N，条件N）。

（3）数据查询：VLOOKUP 函数。VLOOKUP 函数的基本功能就是数据查询，是 Excel 函数中最重要的函数之一，可以帮助我们在很多数据中找到想要的数据。语法结构为：VLOOKUP（查找的值，查找范围，找查找范围中的第几列，精准匹配还是模糊匹配）。

3. 数据展示

使用 Excel 可以做出直观简洁、形象美观、通俗易懂的各类图表等，从而更加生动形象地呈现数据信息。

（1）数据可视化功能。我们可以使用 Excel 的数据可视化功能来显示各项目的完成进度或者产品的市场占有率等，具体操作方法如下。

第一步选中 C3：C6 单元格，如图 2-5 所示，依次单击"开始"→"条件格式"→"新建规则"，出现如图 2-6 所示的对话框。

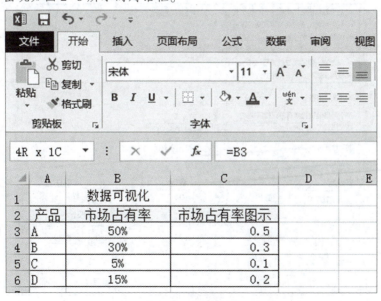

图 2-5　选择数据

图 2-6 选择新建格式规则

第二步,选择格式样式。根据需要选择图标集或数据条,如果选择图标集,需要继续选择图标样式,根据需要设定规则,类型选择"数字",输入设定的规则值数字。如图 2-7 中所设定数字的含义为:当值大于或等于 0.5 时,显示为绿色向上箭头;当选定单元格的值大于或等于 0.2 且小于 0.5 时,显示为黄色斜向上箭头;当值大于或等于 0.1 且小于 0.2 时,显示为黄色下降箭头;当值小于 0.1 时,显示为红色斜向下箭头,样式效果如图 2-8 所示。

图 2-7 设定规则

工作任务二 了解市场——发现商机

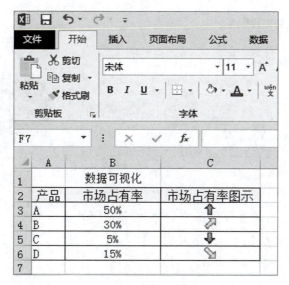

图 2-8 样式效果

（2）统计图表。Excel 中有很多图表样式可供展现不同的数据，包括柱形图、折线图、饼图、条形图、面积图等，如图 2-9 所示。在收集完市场调研的数据资料之后，就要进行数据资料的整理与展示，为下一步的市场调研报告做准备。如何把一份数据用直观的图表表现出来，关系到市场调研报告的质量。

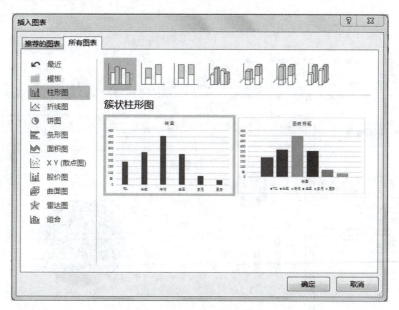

图 2-9 Excel 图表类型

市场调研中用的较多的图表为柱形图（见图 2-10）、条形图、饼图。下面以饼图为例，介绍统计图表的制作，饼图如图 2-11 所示。

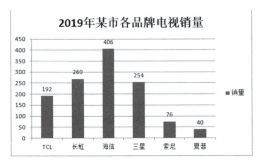
图 2-10 柱形图

图 2-11 饼图

要将如表 2-1 所示的某企业产品市场占有率表的数据做成饼图，首先选中这些数据所占区域（A2：B6 单元格），单击菜单栏"插入"，在推荐的图表区域找到饼图的图标，如图 2-12 所示，单击后得到图 2-13。

表 2-1　某企业产品市场占有率表

产品	市场占有率
A	50%
B	30%
C	5%
D	15%

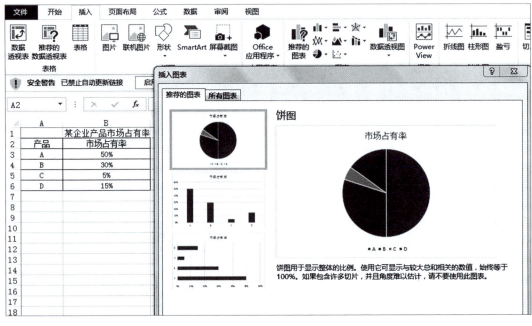
图 2-12 选择图表

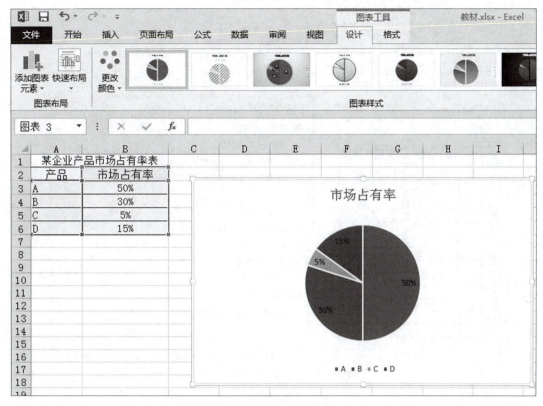

图 2-13 饼图效果

在菜单栏的"设计"里面，可以更改润色图表。单击左上角的"添加图表元素"，可以添加标题、图例、数据标签。

4. 数据分析

我们要学会通过数据深挖其逻辑。常用的数据分析工具有排序、筛选、列表、分类汇总等，这里主要介绍"数据透视表"。

Excel 数据透视表可以说是 Excel 最强大的功能，其通过对明细数据的聚合分类，方便快速地得到想要的结果。

数据透视之前要有一份正确完整的数据源。对于数据源，每一列都应有一个确定的列名，表头不能合并单元格，也不能为空，否则是无法正确建立数据透视表的。

用"Ctrl+A"组合键全选数据，依次单击"插入"→"数据透视表"，第一个选择框为表区域，由于刚开始已经全选了数据，这里不需要修改；第二个选择框为透视表存放的位置，默认新建一个插页用于放置透视表，这里不做修改。单击"确定"，完成数据透视表的建立，如图 2-14 所示。

默认新建一个插页存放数据透视表，新建的数据透视表有两个区域，左边是报表展示区域，右边是透视表字段区域。透视表字段区域一共有四个方框，通过拖动不同的字段到四个方框，可以展示不同的结果，如图 2-15 所示。

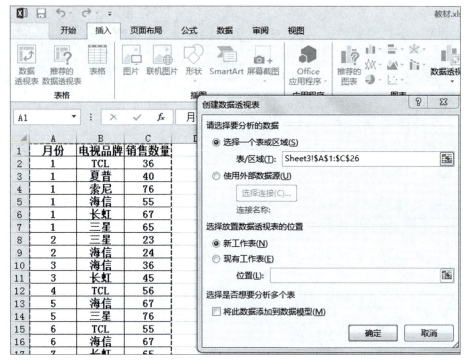

图 2-14　选择插入数据透视表

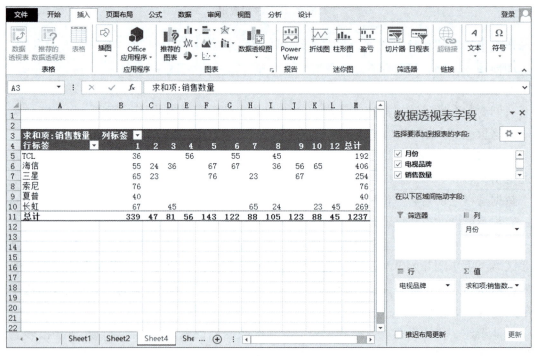

图 2-15　拖动字段

（1）筛选器框：顾名思义，将字段拖动到筛选器框中，可以利用此字段对透视表进行筛选。

（2）列框：将字段拖到此处，数据将以列的形式展示，如果将图2-15的月份拖到列框中，月份各字段将分布在各列；

（3）行框：将字段拖到此处，数据将以行的形式展示，如果将图2-15的品牌拖到行框中，品牌各字段将分布在各行；

（4）值框：主要用来统计，数字字段可进行数学运算（求和、平均值、计数等），文本字段可计数，如果将图2-14的销售数量字段拖到值框中，透视表将显示各类别的销售数量合计。

运用不同的拖动方式，可获得不同的汇总方式，如各地区的数据平均值、各地区销售额占比，还有很多其他汇总方式。也可拖动多个字段到行区域，如图2-16所示。

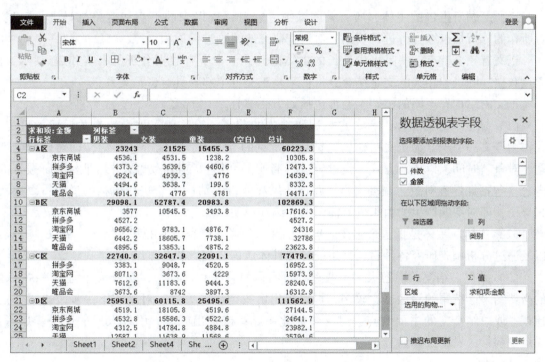

图2-16　拖动字段到多个区域

六、市场调研报告的撰写

市场调研的最后一步就是撰写市场调研报告，市场调研报告是对整个调研分析过程的总结与呈现，把市场调研的起因、过程、结果以及建议完整地呈现出来。

（一）市场调研报告的概念

市场调研报告是通过在实践中对某一产品客观实际情况的调查了解，将得到的全部情况和材料进行分析研究，揭示本质，寻找规律，总结经验，提出调查结论和建议，最后以书面形式陈述出来。

市场调研报告是市场调查研究成果的集中体现，其撰写的质量将直接影响整个市场调查研究工作的质量。

（二）市场调研报告的结构

一般来说，市场调研报告由标题、目录、正文、附件等部分组成。

1. 标题

标题可以有两种写法。一种是规范化的标题格式，即"发文主题"加"文种"，基本格式为"××关于××××的调查报告""关于××××的调查报告""××××调查报告"。另一种是自由式标题，形式包括陈述式、提问式和正副题结合使用三种。

2. 目录

目录可以使调研报告的内容查找方便，一目了然。

3. 正文

正文是调研报告的主体，所占篇幅最大。它对调查得来的事实和有关材料进行叙述，对所作的分析加以综合、进行议论，对调查研究的结论进行说明。

正文有三个特点：一是报告最长的主体部分，包含所有数据分析的事实和观点；二是通过数据、图表和相关的文字结合分析；三是正文各个部分具有逻辑关系。

正文的结构有不同的框架，通常包括如下几部分。

（1）导语。导语又称引言。它是调研报告的前言，简洁明了地介绍有关调研的情况，或作为全文的引子，为正文写作做好铺垫。常见的导语有：①简介式导语，即对调研的课题、对象、时间、地点、方式、经过等进行简明的介绍；②概括式导语，即对调研报告的内容（包括课题、对象、调查内容、调查结果和分析的结论等）进行概括的说明；③交代式导语，即对课题产生的由来进行简明的介绍和说明。

（2）主体。主体是报告最主要的部分，这部分详述调查研究的基本情况、做法、经验，以及通过分析调查研究各种材料得出的各种具体认识、观点和基本结论。

（3）结尾。结尾的内容大多是调查者对问题的看法和建议，这是分析问题和解决问题的必然结果。结尾的写法也比较多，可以提出解决问题的方法、对策或下一步改进工作的建议；或总结全文的主要观点，进一步深化主题；或提出问题，引发人们的进一步思考；或展望前景，发出鼓舞和号召。

4. 附件

附件主要是附上正文所需数据或资料。

（三）如何写好一份调研报告

（1）一份优秀的报告，应该有非常明确、清晰的构架，以及简洁、清晰的数据分析结果。

（2）数据分析报告尽量图表化。用图表代替大量堆砌的数字有助于人们更形象更直观地看清问题和结论。当然，图表也不要太多，过多的图表一样会让人无所适从。

（3）好的分析报告一定要有逻辑性。通常要遵照"发现问题—总结问题原因—解决问题"的流程，逻辑性强的分析报告容易让人接受。

（4）每个分析都有结论，而且结论一定要明确，分析过程一定要基于紧密严谨的数据分析推导过程。一份合格的报告不应该仅仅是看图说话，还应该结合项目本身特性及项目所处的大环境对数据表现出的现象进行分析和判断，在此过程中要保持中立的态度，不加入自己的主观意见。

（5）好的分析报告一定要有解决方案和建议方案。

附：获取二手资料的相关网站

 拓展阅读

1. 搜狐网黄岩电商《2018年度黄岩区电子商务大数据分析报告》，2019-03-07。
2. 搜狐网《2019年90后综合调查报告完整版》，2019-06-21。
3. 知乎，《2019腾讯00后研究报告》，2019-11-13。

 实训操作单

实训操作单如表 2-2 所示。

表 2-2　实训操作单

小组名称：		小组成员：			
任务名称	大学生服装市场调研				
任务背景	作为大学生消费的重要组成部分，服装消费几乎是大学生日常消费中的除食品消费外最重要的消费。该任务目的是了解当代大学生对品牌服装的消费习惯，把握大学生消费动向和趋势，为学生服装销售企业提供参考。 　　各小组按照调研的目的，设计调研方案和调查表，进行实地调研与资料的搜集，然后对数据进行统计整理分析，最后撰写市场调研报告。				
任务实施	拟定调研方案；设计调查问卷；进行实地调研、网站信息搜集；对获取的数据资料进行统计、整理、展示、分析；撰写市场调研报告。				
实训分工					
学生实训综合评估	教师评分	评价标准	分值/分	得分	备注
		调研方案设计完整、合理	20		
		调查问卷的设计符合标准，结构严谨，设计合理	20		
		数据资料能用图表展示，图表美观	30		
		调查报告的撰写框架清晰、逻辑性强、分析到位、结论合理	30		
	生生互评评语				
	自我修正				

学生作业粘贴处

项目二　市场预测分析

实训任务说明

1. 实训目标

通过实训项目，了解市场预测的含义及内容；学会使用专家会议法和德尔菲法进行市场预测，并分析数据；学会使用百度指数或巨量算数查看趋势、需求；掌握运用 Excel 进行销量预测的方法。

2. 能力要求

※理论要求

（1）了解市场预测的含义以及市场预测的内容。

（2）了解市场预测常用的定性和定量方法。

（3）明确百度指数和巨量算数的使用。

（4）掌握运用 Excel FORECAST 函数进行预测的方法。

※技能要求

（1）会使用基本的定性与定量预测方法。

（2）能通过百度指数或巨量算数查看商品的趋势、需求。

（3）能使用 Excel 进行销量预测。

※思政要求

（1）遵守职业道德，在进行数据分析时不弄虚作假。

（2）培养职业敏感性，注意鉴别二手数据中的虚假成分。

3. 实训任务流程

（1）授课教师讲解市场预测的相关理论知识。

（2）老师下达任务，学生以小组为单位完成任务。

（3）学生以小组为单位对结果进行展示，教师进行点评和打分。

相关知识

一、市场预测含义

所谓市场预测，是指企业在通过市场调查获得一定资料的基础上，针对企业的实际需要以及相关的现实环境因素，运用已有的知识、经验和科学方法，对企业和市场未来发展变化的趋势进行适当的分析与判断，为企业营销活动等提供可靠依据的一种活动。

二、市场预测的内容

市场预测的内容十分广泛，从宏观到微观，二者相互联系、相互补充。具体包括市场需求变化预测、产品销售预测、产品价格预测、产品生命周期预测、市场占有率预测、生产技术变化趋势预测、市场环境预测、市场供给预测、市场供求状态预测等。现在社会上有很多专门进行市场预测与行业分析报告撰写的研究公司，它们拥有专业的团队和完整的数据库，在数据采集、资料归类、观点提炼、报告撰写方面具有专业优势，因此，此部分只介绍如何使用大数据进行常用的预测。

三、市场预测的常用方法

（一）定性市场预测方法

定性市场预测方法是预测者根据掌握的资料，结合自身的经验和专业水平，对预测对象的未来发展进行性质、方向和程度上的估计与推测的一种预测方法。

1. 专家会议法

（1）概念。专家会议法是指预测组织者邀请相关专家，通过会议的形式，对市场未来趋势、企业发展前景等进行判断，并在专家分析判断的基础上，综合专家们的意见，进行市场预测的方法。

（2）组织形式。专家会议法的组织形式主要有以下三种。

①头脑风暴法。头脑风暴法也称非交锋式会议。会议不带任何限制条件，鼓励与会专家独立、任意地发表意见，没有批评或评论，以激发灵感，产生创造性思维。

②交锋式会议法。与会专家围绕一个主题，各自发表意见，并进行充分讨论，最后达成共识，取得比较一致的预测结论。

③混合式会议法。混合式会议法也称质疑头脑风暴法，是对头脑风暴法的改进。它将会议分为两个阶段，第一阶段是非交锋式会议，产生各种思路和预测方案；第二阶段是交锋式会议，对上一阶段提出的各种设想进行质疑和讨论，也可提出新的设想，相互不断启发，最后取得一致的结论。

（3）优缺点。专家会议法有助于专家们交换意见，通过互相启发，弥补个人意见的不足；通过内外信息的交流与反馈，产生"思维共振"，进而将产生的创造性思维活动集中于预测对象，在较短时间内得到富有成效的创造性成果，为决策提供预测依据。但是，专家会议法也有不足之处，如有时心理因素影响较大，易屈服于权威或大多数人意见，易受劝说性意见的影响，不愿意轻易改变自己已经发表过的意见，等等。

（4）原则。实施专家会议法有以下几个原则。

①挑选的专家应有一定的代表性、权威性；专家小组规模以 10~15 人为宜，会议时间一般以 20~60 分钟为宜。

②在进行预测之前，首先应取得参加者的支持，确保他们能认真地进行每一次预测，以提高预测的有效性。同时，也要向组织高层说明预测的意义和作用，取得决策层和其他高级管理人员的支持。

③问题表设计应该措辞准确，不能引起歧义，征询的问题一次不宜太多，不要问那些与预测目的无关的问题，列入征询的问题不应相互包含；所提的问题应是所有专家都能答复的，而且应尽可能保证所有专家都能从同一角度去理解；会议提出的设想由分析组进行系统化处理，以便在后继阶段对提出的所有设想进行评估。

④进行统计分析时，应该区别对待不同的问题，对于不同专家的权威性应给予不同权数而不是一概而论。

⑤提供给专家的信息应该尽可能充分，以便其进行判断。

⑥只要求专家进行粗略的数字估计，而不要求十分精确。

⑦问题要集中，要有针对性，不要过分分散，以便使各个事件构成一个有机整体，问题要按等级排队，先简单后复杂，先综合后局部，这样可以引起专家回答问题的兴趣。

⑧调查单位或领导小组意见不应强加于调查意见之中，要防止出现诱导现象，避免专家意见向领导小组靠拢，以至于得出专家迎合领导小组观点的预测结果。

⑨避免组合事件。如果一个事件包括专家同意的和专家不同意的两个方面，专家将难以做出回答。

2. 德尔菲法

（1）概念。德尔菲法，也称专家意见征询法，是专家预测法的一种特殊形式。1946年由美国兰德公司创造，本质上是一种反馈匿名函询法，大致流程是在对所要预测的问题征得专家的意见之后，进行整理、归纳、统计，再匿名反馈给各专家，再次征求意见，再集中，再反馈，直至得到一致的意见。

该方法是由企业组成一个专门的预测机构，其中包括若干专家和企业的预测组织者，按照规定的程序，背靠背地征询专家对未来市场的意见或者判断，然后进行预测的方法。

（2）德尔菲法的优缺点。德尔菲法具有匿名性、多次反馈性、量化性，便于统计分析等优点。主要缺点有：预测工作烦琐、周期长，由于需要进行专家预测意见的多次收集和反馈，要进行大量的文字、图表和资料的分析处理工作，对预测组织者问卷或表格设计能力、综合分析问题的能力要求较高。

（3）德尔菲法的具体实施步骤包括以下几步。

①组成专家小组，按照课题所需要的知识范围，确定专家。专家人数的多少，可根据预测课题的大小和涉及面的宽窄而定，一般不超过 20 人。

②向所有专家提出所要预测的问题及有关要求，并附上有关这个问题的所有背景材料，同时请专家提出还需要什么材料，然后，由专家进行书面答复。

③每个专家根据他们所收到的材料，提出自己的预测意见，并说明自己是怎样利用这

些材料提出预测值的。

④将各位专家第一次判断意见汇总，列成图表，进行对比，再分发给各位专家，让专家比较自己同他人的不同意见，修改自己的意见和判断。也可以把位专家的意见加以整理，请身份更高的其他专家加以评论，然后把这些意见再分送给各位专家，以便他们参考后修改自己的意见。

⑤将所有专家的修改意见收集起来，汇总，再次分发给各位专家，以便进行第二次修改。逐轮收集意见并为专家反馈信息是德尔菲法的主要环节。收集意见和信息反馈一般要经过三、四轮，在向专家进行反馈的时候，只给出各种意见，但并不说明发表意见的专家的具体姓名。这一过程重复进行，直到每一个专家不再改变自己的意见为止。

⑥对专家的意见进行综合处理。

（4）德尔菲法的数据统计分析。德尔菲法的数据统计分析常用平均数法、中位数法两种方法。

3. 集合意见法

（1）概念。集合意见法是由调查人员召集企业内外部的相关人员，根据个人对事件的接触、认识、市场信息、资料及经验，对未来市场进行判断预测，并加以综合分析的一种方法。该方法特别适合于企业预测，适用市场开发、市场容量、产品销售量、市场占有率的预测。

（2）集合意见法的一般步骤包括如下几步。

①预测组织者根据企业经营管理的要求，向参加预测的有关人员提出预测项目和预测期限的要求。

②预测有关人员根据预测要求及掌握的背景资料，凭个人经验和分析判断能力，提出各自的预测方案。

③预测组织者计算有关人员预测方案的方案期望值。方案期望值等于各种可能状态的主观概率与状态值乘积之和。

④将参与预测的有关人员分类，如厂长（经理）类、管理职能科室类、业务人员类等，计算各类综合期望值。综合期望值的计算一般采用平均数、加权平均数统计法或中位数统计法。

⑤确定最后的预测值。将各类人员的综合期望值通过加权平均法等计算出最后的预测值。

4. 主观概率法

主观概率法是预测者对市场趋势分析事情发生的概率做出主观估计，或者说对事情变化动态的一种心理评价，然后计算它的平均值，以此作为预测事件结论的预测方法。一般和其他经验判断法结合运用。

主观概率是一种心理评价，判断中具有明显的主观性，在此不详述。对同一事件，不同人对其发生的概率判断是不同的。主观概率的测定因人而异，受人的心理影响较大，谁的判断更接近实际，主要取决于市场趋势分析者的经验、知识水平和对市场趋势分析对象的把握程度。在实际中，主观概率与客观概率的区别是相对的，因为任何主观概率总带有客观性。市场趋势分析者的经验和其他信息是市场客观情况的具体反映，因此不能把主观概率看成纯主观的东西。另外，任何客观概率在测定过程中也难免带有主观因素，因为实际工作中所取得的数据资料很难达到（大数）规律的要求。所以，在现实中，既无纯客观概率，又无纯主观概率。

（二）定量市场预测方法

定量市场预测方法是根据比较完备的历史和现状统计资料，运用数学方法对资料进行科学的分析、处理，找出预测目标与其他因素的规律性联系，从而推算出未来的发展变化情况的预测方法。

1. 移动平均法

移动平均法是将观察期的统计数据，由远而近地按一定跨越期逐一求取平均值，并将最后一个平均值定为预测值的方法。

移动平均法预测的准确程度取决于移动跨越期的长短。跨越期越短，预测值对数据波动的反映越灵敏，有利于反映实际数据的波动情况，但反映长期变动趋势的效果较差。跨越期越长，预测值反映实际数据波动的灵敏度降低，但有利于避免偶然因素对预测结果的影响。

（1）简单移动平均法。简单移动平均法是对时间序列的数据按一定跨越期进行移动，逐个计算其算数移动平均值，取最后一个移动平均值作为预测值的方法。

简单移动平均的各元素的权重都相等。简单移动平均法的计算公式如下：

$$F_t = (A_{t-1} + A_{t-2} + A_{t-3} + \cdots + A_{t-n})/n$$

式中　F_t——对下一期的预测值；

　　　n——移动平均的时期个数；

　　　A_{t-1}——前期实际值；

　　　A_{t-2}，A_{t-3}，A_{t-n}——分别表示前 2 期、前 3 期直至前 n 期的实际值。

（2）加权移动平均法。加权移动平均法是在移动跨越期内，对距离预测期较远的数据给予较小的权重值，反之则给予较大的权重值，计算出加权移动平均值数列，并以最后一个加权平均值为预测值的方法。

加权移动平均法的计算公式如下：

$$F_t = w_1 A_{t-1} + w_2 A_{t-2} + \cdots + w_n A_{t-n}$$

式中　w_1——第 $t-1$ 期实际销售额的权重；

　　　w_2——第 $t-2$ 期实际销售额的权重；

　　　w_n——第 $t-n$ 期实际销售额的权重；

　　　n——预测的时期数；

且 $w_1 + w_2 + \cdots + w_n = u$

在运用加权平均法时，权重的选择是一个应该注意的问题。经验法和试算法是选择权重最简单的方法。一般而言，最近期的数据最能预示未来的情况，因而权重应大些。例如，根据前一个月的利润和生产能力，能更好地预测下个月的利润和生产能力。但是，如果数据是季节性的，则权重也应是季节性的。

2. 趋势外推法

趋势外推法是根据时间数列呈现出的规律性趋势向外推导，从而确定预测对象未来值的预测方法。趋势外推法的基本假设是：未来是过去和现在连续发展的结果。

趋势外推法的基本理论是：决定事物过去发展的因素，在很大程度上也决定该事物未来的发展，其变化不会太大；事物发展过程一般是渐进式的变化，而不是跳跃式的变化；掌握事物的发展规律，依据这种规律，就可以预测出它的未来趋势和状态。

直线趋势外推法是指如果企业各期数据大体上呈现直线趋势变化，就找出拟合直线，建立预测模型进行预测的一种方法，是趋势外推法中最基本的方法。首先是收集研究对象的动态数列，然后画数据点分布图，如果散点构成的曲线非常近似于直线，则可按直线规律外推。

3. 季节指数法

季节指数法是根据预测目标各个日历年度按季（月）编制的时间数列资料，以统计方法测定反映季节变动规律性的季节指数，并利用季节指数进行近期预测的一种预测方法。利用季节指数法的关键是计算时间数列的季节指数。

（1）衡量指标。季节变动的衡量指标主要有季节指数、季节比重和季节变差等。季节指数的计算公式为：

$$季节指数(\%) = (历年同季平均数/趋势值) \times 100\%$$

应当说明的是，这里的趋势值有两种，一是水平趋势，二是斜坡趋势。

（2）直接平均季节指数法的一般步骤如下。

①收集历年（通常至少有三年）各月或各季的统计资料（观察值）。
②求出各年同月或同季观察值的平均数（用 A 表示）。
③求历年间所有月份或季度的平均值（用 B 表示）。
④计算各月或各季度的季节指数，即 $C=A/B$。
⑤根据未来年度的全年趋势预测值，求出各月或各季度的平均趋势预测值，然后乘以相应季节指数，就可得出未来年度内各月和各季度包括季节变动的预测值。

季节指数是一种以相对数表示的季节变动衡量指标。因为只根据一年或两年的历史数据计算而得的季节变动指标往往含有很大的随机波动因素，故在实际预测中通常需要掌握和运用三年以上的历史数据。

一年四个季度的季度指数之和为400%，每个季度季节指数平均数为100%。季节变动表现为各季的季节指数围绕着100%上下波动，表明各季销售量与全年平均数的相对关系。如某种商品第一季度的季节指数为125%，这表明该商品第一季度的销售量通常高于年平均数25%，属旺季；若第三季度的季节指数为73%，则表明该商品第三季度的销售量通常低于年平均数27%，属淡季。

四、使用百度指数和头条指数查看趋势、需求

（一）百度指数的定义及主要功能模块

百度指数（Baidu Index）是以百度海量网民行为数据为基础的数据分析平台，是当前最重要的统计分析平台之一，自发布之日起便成为众多企业营销决策的重要依据。

百度指数的主要功能模块有基于单个词的趋势研究（包含整体趋势、PC趋势还有移动趋势）、需求图谱、舆情管家、人群画像，基于行业的整体趋势、地域分布、人群属性、搜索时间特征。通过人群画像，以往需要花费精力开展的调研，只需输入关键词，即可获得用户年龄、性别、区域、兴趣的分布特点，真实且比较客观。

通过百度搜索，可查询到百度指数，如图 2-17、图 2-18 所示。

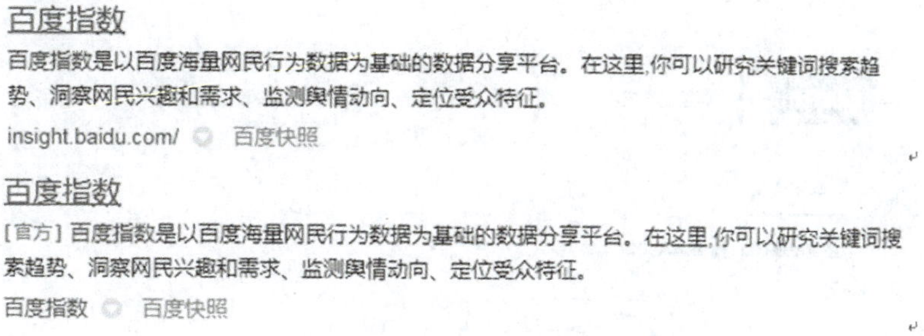

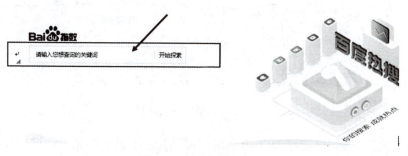

图 2-17　百度指数搜索

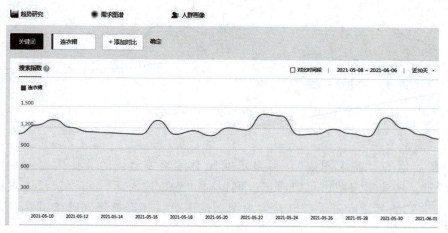

图 2-18　百度指数官网

注册百度账号以后，就可以进入百度指数首页，在搜索框内输入一个关键词，单击"开始搜索"按钮，即可看到对应的指数数据。

趋势研究是百度指数的默认显示模块，可以反映搜索指数和资讯指数的趋势情况。

1. 趋势研究

（1）搜索指数。在搜索指数的右上方可以设置搜索时间、偏好和地域范围。默认显示的是搜索词最近 30 天的全国范围互联网和移动终端的搜索指数趋势。图 2-19 显示的是连衣裙搜索指数。

图 2-19　连衣裙搜索指数

如果想查看多个关键词的对比情况，可以单击"添加对比"按钮，在出现的文本框中输入关键词进行对比，如图 2-20 所示。

图 2-20　连衣裙搜索指数对比

（2）资讯关注。在搜索指数的下方会出现资讯关注，显示的是关键词在最近 30 天的全国范围互联网端和移动端的资讯指数趋势和日均值、同比环比数据，如图 2-21 所示。

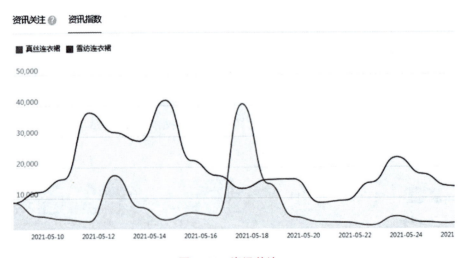

图 2-21　资讯关注

2. 需求图谱

单击左上角的"需求图谱"，可显示网民对搜索关键词的关注内容和关注点。如图 2-22 所示，从该需求图谱可以看出，网民对"新款连衣裙"和"秋款连衣裙"以及"连衣裙淘宝"的关注度最大；且在需求图谱的下方，还会显示与搜索词相关的词语的搜索指数。

工作任务二　了解市场——发现商机

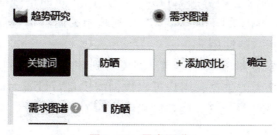

图 2-22　需求图谱

（二）巨量算数

巨量引擎推出内容消费趋势洞察平台——巨量算数，洞察热词、热点的热度趋势，支持抖音、今日头条等多端热词的关联分析、人群画像等功能，支持热点事件发现和热点事件分析功能，如图 2-23 所示。巨量引擎平台上每天有超过 7 000 万个视频、超 200 万字的文字内容呈现，还有超过 100 万元的广告投放计划，这些大体量且高质量的用户兴趣行为和营销数据为营销洞察提供了更多的可能性。巨量算数集支持思考、提供工具、汇聚观点于一体，从"思考+工具"两大核心优势出发，打造了动见、算数报告、算数榜单、算数指数四大板块。

图 2-23　巨量算数首页

动见可以看作高层次营销洞察和深度研究成果的官方智库平台。

算数报告则不只是规律挖掘，更是深刻与客观的数据洞察。比如，巨量算数与《新周刊》合作发布的《十大新消费人群报告》，从学生人群、"打工人"、自由创富者、单身族、年轻父母、银发经济与小镇青年 2.0 等人群维度，展开数据洞察分析，对他们的基本特征进行描述，延伸到消费行为偏好、消费能力、品类偏好等方向，为营销人的创新营销提供参考。

算数榜单以平台数据能力衡量品牌在内容型平台的综合影响力，提供客观公正的排名参考。汽车、手机、美妆、奢侈品、食品饮料、家用电器、服饰鞋帽、母婴、日化九大行业的品牌榜指数排行，直观反应品牌在行业中的位置及变化趋势，供品牌灵活应对市场竞争，提前布局。

算数指数可以用来洞察热词、热点的热度趋势，并支持抖音、今日头条等多端"热词指数"搜索,提供热词的内容趋势洞察以及不同热词之间的指数变化,针对这些热词用"关联分析"解析背后内容的关联和逻辑,以及刻画相关内容消费群体的"人群画像"特征。下面主要介绍算数指数的使用。

在巨量算数首页搜索框里输入关键词,即可得到该关键词的抖音指数/头条指数趋势图。系统默认的是最近 7 天的数据,用户可以根据需要自行设置时间区域。如输入关键词"连衣裙",即可得到连衣裙最近 7 天的热度趋势,如图 2-24 所示。

图 2-24 连衣裙趋势

单击左上角的"关联分析",可以查看关键词的关联度指数和相关度排名,如图 2-25 至图 2-27 所示。从连衣裙的关联分析相关图中可以看出,在搜索连衣裙的时候,相关度排前四名的是连衣裙的夏季穿搭、气质穿搭、显瘦穿搭、减龄的特征,而涨幅最快的是"气质"穿搭。

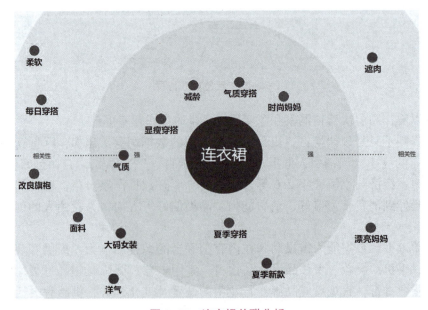

图 2-25 连衣裙关联分析

工作任务二 了解市场——发现商机

图 2-26 连衣裙相关度排名

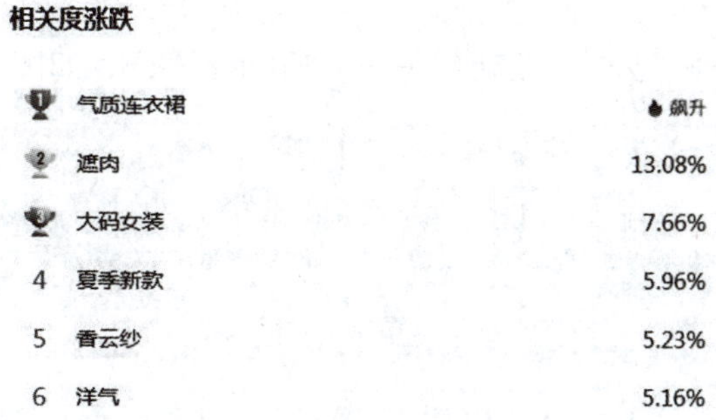

图 2-27 连衣裙相关度涨跌排名

五、使用 Excel 进行销售量预测

Excel 提供了很多预测方法，如移动平均法、指数平滑法以及回归分析。下面介绍使用 FORECAST 函数来进行销量预测。

FORECAST 函数根据现有值计算或预测未来值。由两列数据通过线性回归，再根据给出的 x 求 y。可以使用该函数来预测未来销售、库存需求或消费趋势等。具体步骤如下。

（1）打开需要预测的列出已知数据的表，如 2019 年销售情况，如图 2-28 所示。

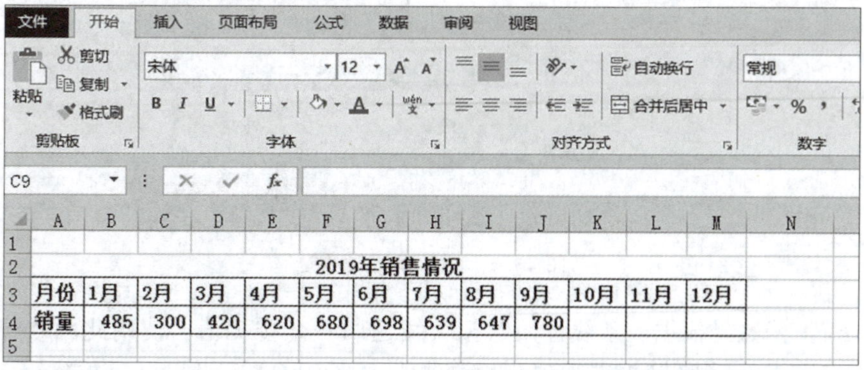

图 2-28 打开需要预测的表格

（2）把光标定位到需要预测的第一个单元格中，如图2-29所示的"10月销量"表格。

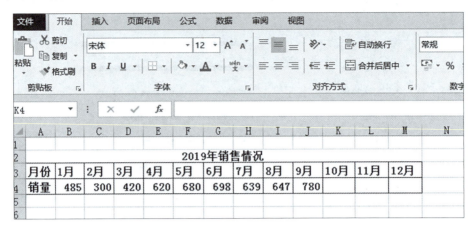

图2-29　定位需要预测的单元格

（3）在任务栏中找到"公式"选项卡——"其他函数"，如图2-30所示。

图2-30　打开"其他函数"

（4）单击"其他函数"→"统计"→"FORECAST"，弹出如图2-31所示的函数参数对话框。

图2-31　函数参数对话框

FORECAST函数是根据一条线性回归拟合线返回一个预测值，使用此函数可以对未来销售额、库存需求或消费趋势进行预测。语法为"FORECAST(X,known_y's,known_x's)"，参数"X"为需要进行预测的数据点的"x"坐标(自变量值)。"Known_y's"是从满足线性拟合直线 $y=kx+b$ 的点集合中选出的一组已知的 y 值,"Known_x's"是从满足线性拟合直线 $y=kx+b$ 的点集合中选出的一组已知的 x 值,如图 2-32 所示。

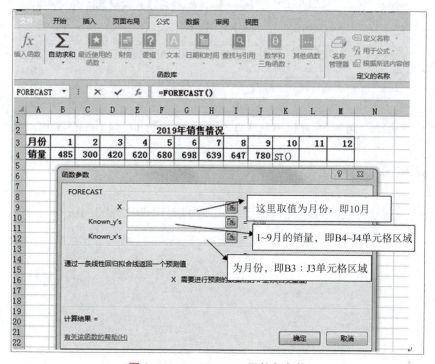

图 2-32　FORECAST 函数各参数

单击数值前面的 ■,可直接选择数据区域,如图 2-33 所示。

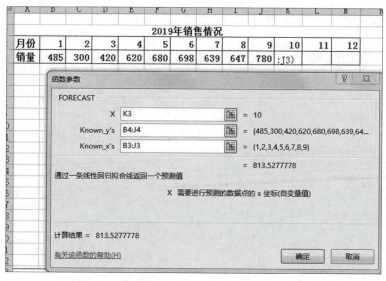

图 2-33　直接选择数据区域

（5）单击“确定”按钮，完成预测，如图 2-34 所示。

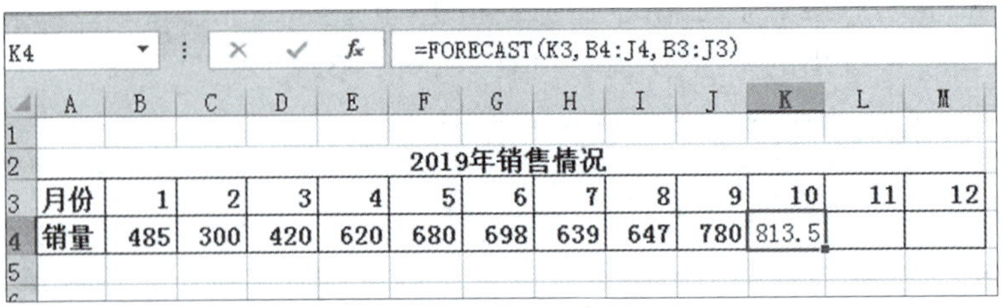
K4 =FORECAST(K3,B4:J4,B3:J3)

	A	B	C	D	E	F	G	H	I	J	K	L	M
1													
2	2019年销售情况												
3	月份	1	2	3	4	5	6	7	8	9	10	11	12
4	销量	485	300	420	620	680	698	639	647	780	813.5		
5													

图 2-34 完成预测

按照同样的方法，可以利用 FORECAST 函数继续预测 11、12 月的数据。

拓展阅读

开淘网，《怎么用生意参谋数据分析产品生命周期》，2017-03-10。

 实训操作单

实训操作单如表 2-3 所示。

表 2-3 实训操作单

小组名称：		小组成员：			
任务名称	女装风衣市场预测				
任务背景	在店铺经营的过程中，卖家可以通过市场大数据来预测商品销量、流行趋势和热度，根据预测结果来调整销售策略。买家可以通过大数据来了解流行趋势和购买热度。 各组利用所学知识对当年女装风衣市场进行分析与预测。				
任务实施	登录百度指数、巨量算数网站，搜索"女装风衣"的搜索词排行，分析热门地区、消费者和商家情况；对获得的数据进行分析判断，总结未来的流行趋势；搜索某购物平台最近 4 年的女装风衣销售数据，预测下一年的销量。				
实训分工					
学生实训综合评估	教师评分	评价标准	分值/分	得分	备注
		搜索内容全面	35		
		趋势分析合理准确	25		
		能提出合理的营销建议	20		
		会正确使用函数、销量预测准确	20		
	生生互评评语				
	自我修正				

学生作业粘贴处

项目三　消费者购买行为分析——用户画像

实训任务说明

1. 实训目标

通过实训项目，了解什么是消费者行为；了解什么是用户画像以及用户画像的作用，并学会用百度指数查看用户画像，能结合相关调研数据对消费者行为进行分析。

2. 能力要求

※理论要求

（1）了解消费者行为的含义。

（2）了解用户画像以及用户画像的作用。

（3）掌握百度指数的搜索方法。

※技能要求

（1）会使用百度指数搜索查看用户画像。

（2）能结合相关调研数据对消费者行为进行分析。

※思政要求

具备法律意识，遵守数据保密等相关法律法规。

3. 实训任务流程

（1）授课教师讲解消费者行为的相关理论知识。

（2）老师下达任务，学生以小组为单位完成任务。

（3）学生以小组为单位对结果进行展示，教师进行点评和打分。

相关知识

一、消费者行为

消费者行为也称消费者购买行为,是消费者围绕购买生活资料所发生的一切与消费相关的个人行为,包括从需求动机的形成到购买行为的发生直至购后感受总结这一购买或消费过程中所展示的心理活动、生理活动及其他实质活动。

企业要在市场竞争中适应市场、驾驭市场,就必须掌握消费者购买的基本特征。

消费购买涉及每一个人和每个家庭,购买者多而分散。消费者市场是一个人数众多、幅员广阔的市场,由于消费者所处的地理位置各不相同,闲暇时间不一致,购买地点和购买时间都较为分散。

消费者购买是以个人和家庭为购买和消费单位的,受消费人数、需要量、购买力、储藏地点、商品保质期等诸多因素的影响。消费者为了保证自身的消费需要,往往购买批量小、批次多,购买频繁。

消费者购买也受年龄、性别、职业、收入、文化程度、民族、宗教等影响,需求有很大的差异性,对商品的要求也各不相同。而且随着社会经济的发展,消费者消费习惯、消费观念、消费心理不断发生变化,从而导致消费者购买差异性大。

Mobdata 研究院发表的《2018—2019 中国汽车市场研究报告》,根据大数据分析得出人群画像,列出消费者车型整体偏好和价格整体偏好,为后续的汽车市场的发展和商家的运营提供了参考。汽车的消费者偏好如图 2-35 所示。

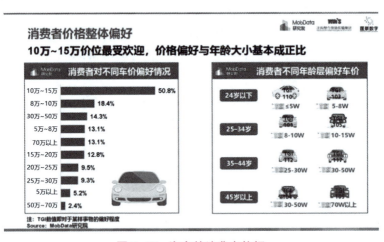

图 2-35 汽车的消费者偏好

二、用户画像

互联网逐渐步入大数据时代后,企业及消费者行为发生了一系列改变与重塑。其中最大的变化莫过于,消费者的一切行为在企业面前似乎都是"可视化"的。随着大数据技术的深入研究与应用,企业的专注点日益聚焦于怎样利用大数据来为精准营销服务,进而深入挖掘潜在的商业价值,于是,"用户画像"的概念也就应运而生。

(一) 用户画像的概念

用户画像又称用户角色,是根据用户社会属性、生活习惯和消费行为等信息而抽象出的一个标签化的用户模型,构建用户画像的核心工作是给用户贴"标签",标签中的一部分是根据用户的行为数据直接得到,另一部分是通过一系列算法或规则挖掘得到的。

交互设计之父 Alan Cooper 最早提出用户画像(Persona)的概念,认为"用户画像是真实用户的虚拟代表,是建立在一系列真实数据之上的目标用户模型"。通过对客户多方面信息的了解,将多种信息集合在一起并形成一定类型的独特特征与气质,这就形成了用户独特的"画像"。

作为一种勾画目标用户、联系用户诉求与设计方向的有效工具,用户画像最初在电商领域得到应用。在大数据时代背景下,用户信息充斥网络,用户画像也在各领域得到广泛应用。在实际操作的过程中,用户画像往往会以最为浅显和贴近生活的话语将用户的属性、行为与期待的数据联结起来。作为实际用户的虚拟代表,用户画像所形成的用户角色并不是脱离产品和市场而构建出来的,形成的用户角色需要有代表性,能代表产品的主要受众和目标群体。

网络社会是现实社会的映射,一个人的喜好在网络时代完全可以体现出来。常听的歌曲,经常浏览的新闻、翻阅的小说及视频聊天等信息,可以体现一个人的偏好。在电商盛行的时代,网上购物所留下的数据痕迹为电商们了解客户的消费和购物需求提供了抓手。电商们通过对用户的个体消费能力、消费内容、消费品质、消费渠道、消费刺激进行长时间、多频次的建模,可为每个客户构建一个精准的消费画像。用户画像如图 2-36 所示。

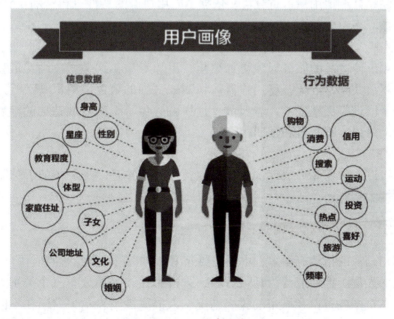

图 2-36 用户画像

可将用户在网上的消费记录、消费频次、消费金额、会员卡积分等数据转化为标签。

如果某一女性经常在某个网站购买衣服，那么网站可以根据她购买衣服的款式、型号、颜色等给她打上标签，如"追逐潮流""偏爱黑色"，甚至判断出她大概的年龄，贴上"20~25岁的年轻女性"这样具体的标签。所有的标签集合在一起，就构成了她的用户画像，如图2-37所示。

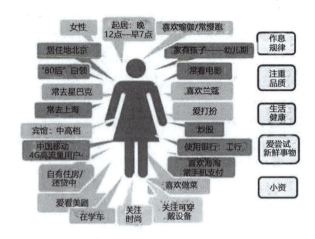

图2-37 某一女性的用户画像

(二) 用户画像的作用

1. 关注目标用户

用户画像可以让团队成员在产品设计的过程中抛开个人喜好，聚焦目标用户的动机和行为并进行产品设计。把用户进行分群，依据不同用户群的特性进行产品设计和测试验证，避免产品偏离核心用户的需求。

2. 精准营销

用户画像可以使产品的服务对象更加聚焦、更加专注，这是用户画像最直接、最有价值的应用。从粗放式到精细化，将用户群体切割成更细的粒度，商家/店铺可以通过短信、邮件、活动等手段进行更精准的广告投放，这样就避免了全网投放造成的浪费。同时，可以评估某次活动效果，看是否和预期相符。

3. 数据收集分析

用户画像可以理解为业务层面的数据仓库，各类标签是多维分析的天然要素，数据查询平台会和这些数据打通。通过对用户画像的分析，可以了解行业动态。

三、利用百度指数查看用户画像

可进行用户画像的指数有很多，本书主要介绍如何利用百度指数查看用户画像。

百度指数的人群画像功能分为地域分布、人群属性、兴趣分布三个类别。地域分布主要显示关键词在全国各省份和城市的排名情况，人群属性则显示关键词在不同性别和各年龄阶段人群的搜索分布情况；兴趣分布显示的是关键词在各行业的兴趣分布情况。

如输入"防晒"单击搜索，可得到最近30天（时间根据需要选择）此关键词的地域分布、年龄分布和性别分布，如图2-38至图2-41所示。

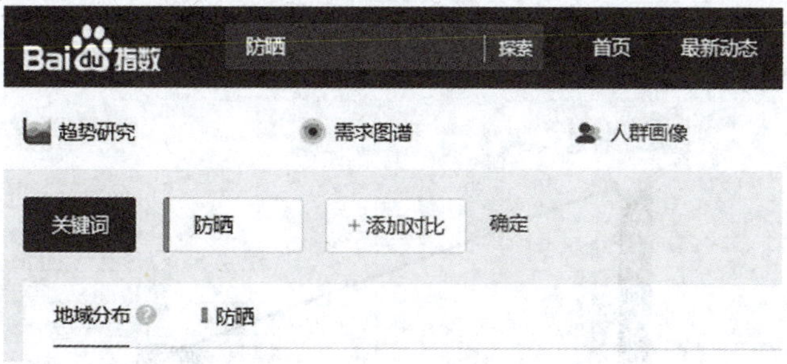

工作任务二　了解市场——发现商机

图 2-38　人群画像位置

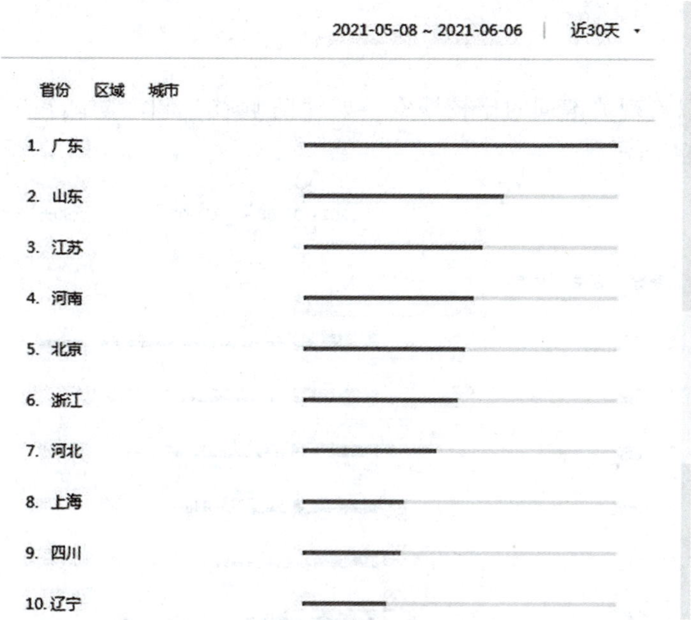

图 2-39　搜索地域分布

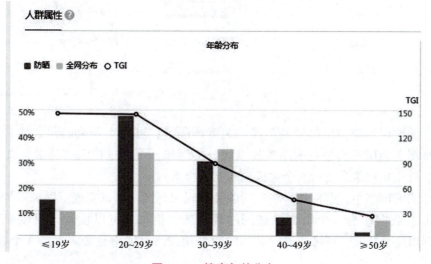

图 2-40　搜索年龄分布

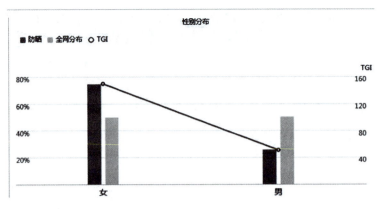

图 2-41 搜索性别分布

此外，还可以实现关键词的比较搜索，如"防晒衣"和"防晒霜"的对比搜索，如图 2-42 至图 2-44 所示。

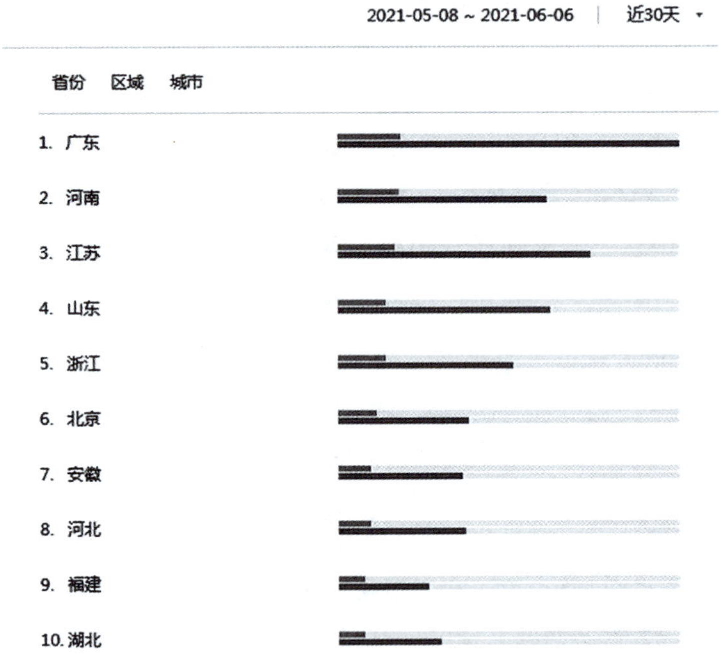

图 2-42 防晒衣与防晒霜搜索地域分布对比

在多个关键词当中，用逗号将不同的关键词隔开，可以实现关键词数据的比较查询，并且，曲线图上会用不同颜色的曲线加以区分，例如，可通过检索"男装，女装，童装"进行比较。百度指数最多支持 5 个关键词的比较检索。

在多个关键词当中，利用加号将不同的关键词相连接，可以实现不同关键词数据相加。相加后的汇总数据作为一个组合关键词展现出来，例如，可以检索"百度+百度搜索+Baidu"。利用这个功能，可将若干同义词的数据相加。百度指数最多支持 3 个关键词的累加检索。

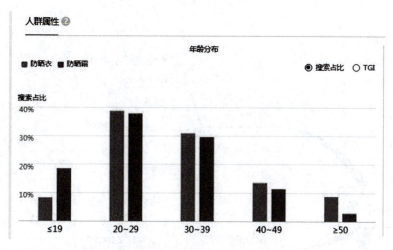

图 2-43　防晒衣与防晒霜搜索年龄分布对比

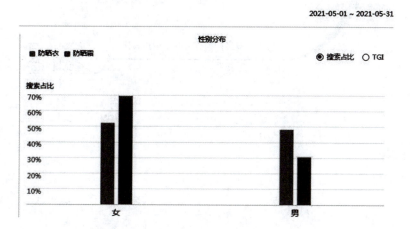

图 2-44　防晒衣与防晒霜搜索性别分布对比

巨量算数也能查看人群画像，方法与百度指数相似，在此不再详细阐述。

拓展阅读

1. 中国产业研究院网站，《消费者行为研究》。
2. 达内教育网，《如何利用大数据技术进行消费者行为分析》。
3. 中国十大市场调研公司排名。

中国十大市场调查公司排名

思维导图

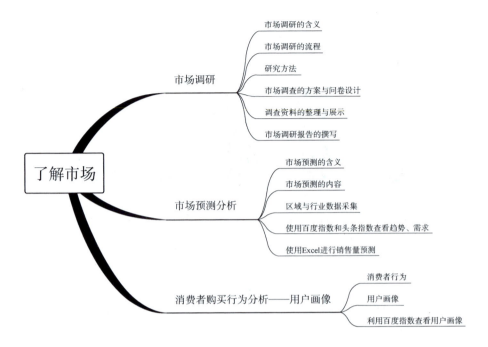

实训操作单

实训操作单如表 2-4 所示。

表 2-4 实训操作单

小组名称:		小组成员:			
任务名称	消费者购买行为分析				
任务背景	大学生作为特殊的消费群体受到越来越多的关注,作为大学生消费的重要组成部分的服装消费,几乎是大学生日常消费中的除食品消费外最重要的消费开支,具有庞大的市场容量。 各组根据本任务项目一中所实施的市场调研以及形成的市场调研报告,利用百度指数搜索用户画像,对大学女生关于服装购买的消费者行为进行分析,并提出相应的营销策略,撰写消费状况报告。				
任务实施	使用百度指数搜索大学女生服装购买的用户画像,并对用户画像进行分析;撰写消费状况报告,对消费者购买动机、购买时间和地点、购买渠道等行为特征进行分析,并提出有针对性的营销建议。				
实训分工					
学生实训综合评估	教师评分	评价标准	分值/分	得分	备注
		对消费者购买行为分析全面	25		
		对消费者购买行为分析准确	25		
		提出合理的营销建议	30		
		报告格式规范	20		
	生生互评评语				
	自我修正				

学生作业粘贴处

工作任务书　市场调查报告书

通过本工作任务的学习，学生对市场调查和大数据分析等内容有了明确的认识，掌握了相关数据的收集方法和分析方法，并能得出结论。学生以小组为单位，针对当下热门流量开展市场调研，并以书面报告的形式完成工作任务。市场调研报告应包含研究选题、文献研究、方案设计、调查实施、分析与结论和报告文本六个方面。

附：(1) 全国大学生市场调查与分析大赛官网——中国商业统计学会，(http://www.china-cssc.org/)。

(2) 市场调研报告格式要求。

参赛报告字数及排版格式要求

(3) 报告评审打分表。

报告评审打分表

(4) 2021年国赛一等奖作品"花信用，狂Shopping——大学生分期付款消费意愿调查"。

花信用，狂Shopping

工作任务三

设计产品——满足需求

项目一 认识产品

 实训任务说明

1. 实训目标

通过实训,使学生掌握产品组合的相关概念,训练学生分析和判读产品组合的能力。

2. 能力要求

※**理论要求**

(1) 了解产品整体概念与构成。

(2) 熟悉产品组合优化的方法。

(3) 掌握产品组合的策略,并能分析和评价产品组合。

※**技能要求**

(1) 初步具有分析产品组合的能力。

(2) 能通过团队合作,运用相关资料解决相关问题。

(3) 具有团队合作精神和协调团队内部人际关系的能力。

※**思政要求**

熟悉《中华人民共和国消费者权益保护法》。

3. 实训任务流程

(1) 教师讲授产品组合理论知识,学生完成相关案例分析,训练学生实际分析能力。

(2) 各学习小组到教师指定的公司,通过实地考察、资料收集等方法,对公司产品进行调研,制作产品组合图,并对公司产品组合进行评价。

(3) 邀请公司相关工作人员开展以"产品组合策略"为主题的讲座,介绍公司的产品组合策略,分享产品组合的分析、评价等经验。

(4) 各组学生对该公司产品组合策略进行讨论交流。

(5) 每位学生撰写调研报告,以小组为单位收集。

相关知识

一、产品与产品组合

(一) 产品整体概念与构成

企业的一切生产经营活动都是围绕产品进行的,即通过及时、有效地提供消费者所需要的产品而实现企业的发展目标。企业生产什么产品?为谁生产产品?生产多少产品?这是企业产品策略必须回答的问题。企业如何开发满足消费者需求的产品,并将产品迅速、有效地传送到消费者手中,构成了企业营销活动的主体。

企业时时刻刻都在开发、生产、销售产品,消费者时时刻刻都在使用、消费和享受产品。但随着科学技术的快速发展,社会的不断进步,消费者需求特征的日趋个性化,市场竞争程度的加深加广,产品的内涵和外延也在不断扩大。产品主要可以分为以下五个层次。

1. 核心利益层

核心利益层即向消费者提供的产品基本效用和利益,也是消费者真正要购买的利益和服务。消费者购买某种产品并不是为了拥有该产品实体,而是为了获得能满足自身某种需要的效用和利益。如,洗衣机的核心利益体现在它能让消费者方便、省力、省时地清洗衣物。

2. 实体产品层

实体产品层也可称为一般产品层。产品核心功能须依附一定的实体来实现,即产品的基本形式,主要包括产品的构造外型等。

3. 期望产品层

期望产品层是消费者购买产品时期望的一整套属性和条件,如对于购买洗衣机的人来说,期望该机器能省时、省力地清洗衣物,同时不损坏衣物,洗衣时噪声小,方便进/排水,外形美观,使用安全可靠等。

4. 附加产品层

附加产品层包含各种附加服务和利益,主要包括运送、安装、调试、维修、产品保证、零配件供应等。附加产品源于对消费者需求综合性和多层次性的深入研究,要求营销人员必须正视消费者的整体消费体系,但必须注意因附加产品层而增加的成本消费者是否愿意承担。

5. 潜在产品层

潜在产品层预示着该产品最终可能的所有增加和改变。

现代企业产品外延的不断拓展源于消费者需求的复杂化和竞争的白热化。在产品的核心功能趋同的情况下,谁能更快、更多、更好地满足消费者复杂利益整合的需要,谁就能拥有消费者、占有市场、取得竞争优势。不断地拓展产品的外延已成为现代企业产品竞争的焦点,消费者对产品的期望价值越来越多地包含了其所能提供的服务、企业人员的素质及企业整体形象的"综合价值"。目前,发达国家企业的产品竞争多集中在附加产品层次,而发展中国家企业的产品竞争则主要集中在期望产品层。若产品在核心利益上相同,但附加产品层所提供的服务不同,则可能被消费者看成是两种不同的产品,因此也会造成两种截然不同的销售状况。美国著名管理学家李维特说过:"新的竞争不在于工厂里制造出来的产品,而在于工厂外能够给产品加上包装、服务、广告、咨询、融资、送货或顾客认为有价值的其他东西。"

(二) 产品组合的相关概念

1. 产品组合、产品线及产品项目

产品组合是指企业全部产品线和产品项目的组合或结构,即企业的业务经营范围。产品线是许多产品项目的集合,这些产品项目之所以组成一条产品线,是因为这些产品项目具有功能相似、用户相同、分销渠道同一、消费上相连带等特点。产品项目即产品大类中各种不同品种、规格、质量的特定产品,企业产品目录中列出的一个具体品种就是一个产品项目。产品项目是衡量产品组合各种变量的一个基本单位,指产品线内不同的品种以及同一品种不同的品牌。例如,某商场经营家电、百货、鞋帽、文教用品等,这就是产品组合;而其中的"家电"或"鞋帽"等大类就是产品线,每一大类里包括的具体品牌、品种就是产品项目。

2. 产品组合的宽度、长度、深度和关联度

产品组合是企业生产经营的全部产品线、产品项目的组合方式,所以宽度、深度、长度和关联度,称为产品组合的四个维度。

(1) 产品组合的宽度。产品组合的宽度是指企业生产经营的产品线的多少。如宝洁公司生产清洁剂、牙膏、肥皂、纸尿布及纸巾,有5条产品线,表明产品组合的宽度为5。

(2) 产品组合的长度。产品组合的长度是指企业所有产品线中产品项目的总和。

(3) 产品组合的深度。产品组合的深度是指产品线中每一产品有多少品种。如宝洁公司的牙膏产品线下的产品项目有3种,佳洁士牙膏是其中之一。而佳洁士牙膏有3种规格和2种配方,所以佳洁士牙膏的深度是6。

(4) 产品组合的关联度。产品组合的关联度是指各产品线在最终用途、生产条件、分销渠道和其他方面相互关联的程度。

二、产品组合优化

(一) 产品组合优化方法

企业进行产品组合的基本方法是调整产品组合的4个维度,即增减产品线的宽度、长度、深度或产品线的关联度。而要使企业产品组合达到最佳状态,即各种产品项目之间质的组合和量的比例既能适应市场需要,又能使企业盈利最大,须采用一定的评价方法进行选择。评价和选择最佳产品组合并非易事,评价的标准有许多种。产品组合优化方法有以下几种。

1. 产品环境分析法

产品环境分析法是把企业的产品分为六个层次,然后分析研究每一种产品在未来的市场环境中的销售潜力和发展前景的方法,其具体内容为:企业的主要产品根据市场环境的分析是否继续发展。企业未来的主要产品,一般是指新产品投入市场后能打开市场销路的产品。在市场竞争中,能使企业获得较大利润的产品,应扩大其销路。过去是主要产品而销路已日趋萎缩的产品，企业应决定是采取改进还是缩小或淘汰的决策。对于尚未完全失去销路的产品，企业可以采取维持或保留的产品决策；对于完全失去销路的产品，或者经营失败的新产品，一般应进行淘汰或转产。

2. 产品系列平衡法

产品系列平衡法是把企业的生产经营活动作为一个整体，围绕实现企业目标，从企业实力（竞争力）和市场引力（发展性）两个方面，对企业的产品进行综合平衡，从而进行最佳产品决策的方法。产品系列平衡法可分为四个步骤进行：第一步，评定产品的市场引力，包括市场容量、利润率、增长率等；第二步，评定企业实力，包括综合生产能力、技术能力、销售能力、市场占有率等；第三步，绘制产品系列平衡象限图；第四步，进行分析与决策。产品系列平衡法如表 3-1 所示。

表 3-1 产品系列平衡法

项目		企业实力		
		小	中	大
市场引力	大	提高占有率 选择性投资	加强扩大 甘冒风险	发挥优势 积极投资
	中	选择性投资 或者淘汰	稳定策略 重视平衡	维持现状 争取多盈利
	小	淘汰，力争 损失最小	选择性投资 或者停止投资	回收资金 优选少量投资

3. 四象限评价法

四象限评价法是一种根据产品市场占有率和销售增长率来对产品进行评价的方法，是由美国波士顿咨询公司提出的一种评价方法，因此又称波士顿矩阵法。其由市场占有率和销售额增长率两个指标组合而成，有四种组合方式。四象限图如图 3-1 所示。

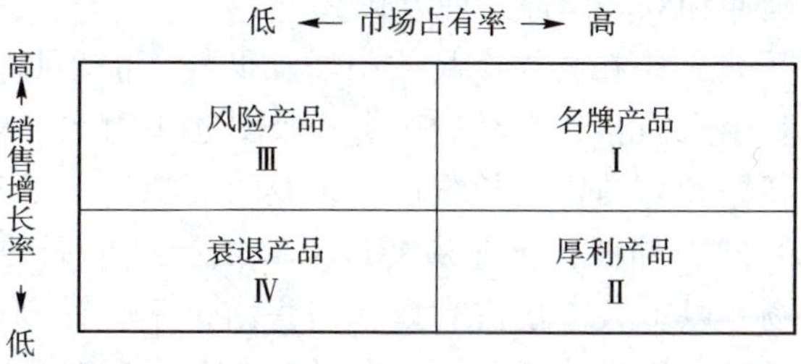

图 3-1 四象限图

（1）第Ⅰ类产品，是市场占有率高、销售增长率高的产品，很有发展前途，一般处于生命周期的成长期，它是企业的名牌产品。对于这类产品，企业要在人、财、物等方面给予支持，保证其现有地位及将来发展。

（2）第Ⅱ类产品，是市场占有率高、销售增长率低的产品，能带来很大的利润，是企业收入的主要来源，一般处于生命周期的成熟阶段，它是企业的厚利产品。对于这类产品，企业应采取维持现状和提高盈利的对策。

（3）第Ⅲ类产品，是市场占有率低、销售增长率高的产品，处于生命周期的成长期，很有发展前途，但企业尚未形成优势，带有经营风险，所以叫风险产品。这类产品的对策是：集中力量，消除问题，扩大优势，创立名牌。

（4）第Ⅳ类产品，它的市场占有率和销售增长率都低，说明产品无利或微利，处于衰退期，是衰退产品，应淘汰。

4. 资金利润率法

资金利润率是一个表示产品经济效益的综合性指标，它把生产一个产品的劳动耗费、劳动占用和企业的经营成果结合在一起，应用这种方法，把产品资金利润率分别与行业的资金利润率水平、同行业中先进企业产品的资金利润率或企业的经营目标相比，达不到目标水平的，说明盈利能力不高。

（二）产品组合优化策略

1. 扩大产品组合

扩大产品组合包括拓展产品组合的宽度和加强产品组合的深度，前者指在原产品组合中增加产品线，扩大经营范围；后者指在原有产品线内增加新的产品项目。当企业预测现有产品线的销售额和盈利率在未来可能下降时，就须考虑在现有产品组合中增加新的产品线，或加强其中有发展潜力的产品线。

2. 缩减产品组合

在市场繁荣时期，较长较宽的产品组合会为企业带来更多的盈利机会。但是在市场不景气或原料、能源供应紧张时期，缩减产品线反而能使总利润上升，因为剔除那些获利小甚至亏损的产品线或产品项目，企业可集中力量发展获利多的产品线和产品项目。

3. 产品线延伸策略

总体来看，每一企业的产品线只占所属行业整体范围的一部分，每一产品都有特定的市场定位。例如，宝马汽车公司（BMW）所生产的汽车在整个汽车市场上属于中高档价格范围。当一个企业把自己的产品线长度加以延伸，超过现有范围时，我们称为产品线延伸。具体有向下延伸、向上延伸和双向延伸三种方式。

（1）向下延伸。向下延伸是在高档产品线中增加低档产品项目。实行这一决策需要具备以下市场条件之一：利用高档名牌产品的声誉，吸引购买力水平较低的顾客慕名购买此产品线中的廉价产品；高档产品销售增长缓慢，企业的资源设备没有得到充分利用，为赢得更多的顾客，将产品线向下伸展；企业最初进入高档产品市场的目的是建立厂牌信誉，然后再进入中、低档市场，以扩大市场占有率和销售增长率；补充企业的产品线空白。实行这种策略也有一定的风险，如果处理不慎，会影响企业原有产品特别是名牌产品的市场形象，而且有可能引发更激烈的竞争对抗。

（2）向上延伸。向上延伸是在原有的产品线内增加高档产品项目。实行这一策略的主要目的是：高档产品市场具有较大的潜在成长率和较高利润率；企业的技术设备和营销能力已具备加入高档产品市场的条件；企业要重新进行产品线定位。采用这一策略也要承担一定的风险。要改变产品在顾客心目中的地位是相当困难的，处理不慎，还会影响原有产品的市场声誉。

（3）双向延伸。双向延伸是原定位于中档产品市场的企业掌握了市场优势以后，向产品线的上、下两个方向延伸。

 **拓展阅读**

书目推荐

1. 李泽澄．产品觉醒：产品经理的视角与方法论［M］．北京：电子工业出版社，2018．
2. 李冠辰．产品创新 36 计：手把手交你如何产生优秀的产品创意［M］．北京：人民邮电出版社，2017．
3. 刘飞．产品经理从入门到精通［M］．北京：文化发展出版社，2019．

 实训操作单

实训操作单如表 3-2 所示。

表 3-2 实训操作单

小组名称：	小组成员：		
任务名称	制定产品组合策略		
任务背景	华信集团以山东华信工贸有限公司（以下简称"华信"）为核心主体，成立十多年来，华信人以"脚实志远、敢创担责、奉献厚德"的企业精神，团结敬业，以国际贸易为基础，逐步发展成集贸易、矿产开发、石油储运、教育、金融、房地产、现代服务业等于一体的综合性集团公司。 各学习小组选择华信其中一个分公司，绘制华信现阶段产品组合图，评价产品组合策略。 华信的校企合作人员为学生讲授产品组合策略的实战经验。 实战经验分享后，每个学员撰写调研报告。		
任务实施	绘制华信产品组合图，并说明该产品组合的长度、宽度、深度。 1. 绘制产品组合图<table><tr><th></th><th>产品项目</th><th>产品价格</th></tr><tr><td rowspan="3">产品线 1</td><td></td><td></td></tr><tr><td></td><td></td></tr><tr><td></td><td></td></tr><tr><td rowspan="3">产品线 2</td><td></td><td></td></tr><tr><td></td><td></td></tr><tr><td></td><td></td></tr></table>2. 评价产品组合<table><tr><th>产品组合宽度</th><th>产品组合长度</th><th>产品组合深度</th></tr><tr><td></td><td></td><td></td></tr></table>评价该产品组合： 3. 讲座笔记<table><tr><th>讲座时间</th><th>讲座人</th><th>主题</th></tr><tr><td></td><td></td><td></td></tr></table>讲座内容记录： 基于理论学习、实地考察、专业人士讲座，对产品组合分析、产品组合策略制定进行总结，并上交总结报告。（总结报告统一附后）		

续表

小组名称：		小组成员：			
实训分工					
学生实训综合评估	教师评分	评价标准	分值/分	得分	备注
		产品组合图制作精准	25		
		产品组合评价合理	25		
		讲座听讲认真，积极互动	30		
		报告内容全面，格式规范	20		
	生生互评评语				
	自我修正				

工作任务三 设计产品——满足需求

项目二　制定产品生命周期策略

实训任务说明

1. 实训目标

通过实训，使学生掌握产品生命周期的相关概念，能准确判断产品所处生命周期的阶段，并根据产品所处的阶段提出相应的营销策略。

2. 能力要求

※**理论要求**

（1）了解产品生命周期的概念。

（2）熟悉产品各生命周期的特征。

（3）掌握产品各生命周期的产品策略。

※**技能要求**

（1）具有判断产品所处生命周期阶段的能力。

（2）具有提出相应营销策略的能力。

（3）具有对房地产项目进行营销策划的能力。

※**思政要求**

遵守职业道德，具备良好的产品生命周期分析能力。

3. 实训任务流程

（1）教师讲授产品生命周期理论知识，学生完成相关案例分析，训练学生实际分析能力。

（2）学生识读教师讲授的案例，判断产品生命周期，提出相应的营销策略，探讨延长产品生命周期的方法。

（3）案例讲解。

相关知识

一、产品生命周期概念

一种产品进入市场后，销售量和利润会随时间推移而改变，呈现一个由少到多再由多到少的过程，就如同人的生命一样，由诞生、成长到成熟，最终走向衰亡，这就是产品的生命周期。任何产品都有生命周期。

产品的发展经历引入期、成长期、成熟期和衰退期四个阶段。技术因素、竞争因素和客户需求变化都对产品在其生命周期各阶段的转换速度产生影响。

二、产品生命周期阶段特征

（一）导入期

这个时期是新产品进入市场的最初阶段，是新产品在经过开发过程后开始进入市场销售，这时是新产品在市场上站稳脚跟的关键时期。如果该产品在导入期即被消费者拒绝，那么，企业为此的努力将前功尽弃。产品只有度过艰难的导入期，才能茁壮成长。导入期的主要特点如下。

（1）生产成本高。新产品刚开始生产时，数量不大，技术尚不稳定、不熟练，不合格品率也较高，因而制造成本较高。

（2）促销费用大。新产品刚投放市场时，其性能、质量、使用价值、特征等还未被人们认识，为迅速打开销路，提高知名度，须进行大量的广告宣传及其他促销活动，促销费用很大。

（3）销售数量少。因新产品还未赢得消费者的信赖，未被广泛接受，购买者较少。

（4）竞争不激烈。因新产品刚进入市场，销路不畅，企业无利甚至亏损，生产者较少，竞争尚未真正开始。

在导入期，企业主要的营销目标是迅速将新产品打入市场，在尽可能短的时间内扩大产品的销售。

（二）成长期

在这个阶段，产品在市场上已经打开销路，销售量呈现稳步上升的趋势。成长期的主要特点如下。

（1）购买者对商品已经比较熟悉，市场需求扩大，销售量迅速增加。

（2）生产和销售成本大幅度下降，大批量生产和大批量销售使单位产品成本减少。

（3）企业利润增加。

（4）竞争者相继进入市场，竞争趋向激烈。

（三）成熟期

成熟期是产品在市场上普及，销售量达到高峰的饱和阶段。成熟期的主要特点如下。

（1）产品已为绝大多数的消费者所认识与购买，销售量增长缓慢，处于相对稳定状态，并逐渐出现下降的趋势。

（2）企业利润逐步下降。

（3）竞争十分激烈。

（四）衰退期

衰退期是产品销售量持续下降、即将退出市场的阶段。衰退期的主要特点如下。

（1）消费者对产品已经没有兴趣，市场上出现了改进型产品，市场需求减少。

（2）同行业为减少存货损失，竞相降价销售，竞争激烈。

（3）企业利润不断降低。

三、产品生命周期各阶段的策略

（一）导入期

在导入期，企业可采取的策略如下。

（1）快速撇脂战略。快速撇脂战略即以高价格和高促销水平的方式推出新产品。企业采用高价格是为了在销售中获得尽可能多的毛利。同时，企业花费巨额促销费用向市场上说明该产品虽然定价水平高，但的确物有所值。高水平的促销活动加快了市场渗透率。

（2）缓慢撇脂战略。缓慢撇脂战略即以高价格和低促销方式推出新产品。推行高价格是为了尽可能多地获取销售中的毛利；而推行低水平促销是为了降低营销费用。两者结合可从市场上获取大量利润。

（3）快速渗透战略。快速渗透战略即以低价格和高促销水平的方式推出新产品。企业期望利用这一战略能够获得快速的市场渗透和最高的市场份额。

（4）缓慢渗透战略。缓慢渗透战略即以低价格和低促销水平推出新产品。低价格将促使市场迅速接受该产品；同时，企业降低期促销成本以实现较多的净利润。企业确信市场需求对价格弹性很大，而对促销弹性很小。

（二）成长期

在成长期，企业可采取的策略如下。

（1）改进产品质量和增加新产品的特色和式样。

（2）增加新式样和侧翼产品。

（3）进入新的细分市场。

（4）建立新的分销渠道。

（5）投放广告的目标，从产品知名度的建立转移到说服购买者接受和购买产品上。

（6）可在适当的时候降低价格，以吸引对价格敏感的购买者。

（三）成熟期

在成熟期，企业可采取的策略如下。

（1）市场改进。企业通过努力把潜在消费者转变为该产品的使用者，进入新的细分市场或者争取竞争者的客户等策略，扩大品牌使用人数。同时，企业也可以通过努力使客户更加频繁地使用该产品，或者介绍该产品的其他新用途来提高该产品的使用率。

（2）产品改进。产品改进包括对质量、特色和式样的改进。质量改进是注重产品的特性，如耐用性、可靠性等；特色改进是注重增加产品的新特色，如尺寸、重量、材料、附件等，增强产品的功能性、安全性和便利性；式样改进是注重增加对产品的美学诉求。

（3）营销组合改进。营销组合改进指在价格、分销、广告、销售促进、人员推销和服务等方面采取改进措施，以刺激销售。

（四）衰退期

在衰退期，企业可采取以下策略。

（1）增加投资，使自己处于支配地位或得到一个有利的竞争地位。

（2）在行业的不确定因素明朗之前，保持原有的投资水平。

（3）公司有选择地降低投资，放弃无希望的客户群体，同时加强对有利可图的客户需求领域的投资。

（4）尽可能用有利的方式放弃市场份额，以便快速回收资金。

四、延长产品生命周期的方法

（1）对产品进行再开发。进行产品质量、特性、外观形态或者服务等改良，以继续吸引消费者。

（2）开拓产品新市场。开发产品的新用途，以满足新的用户，开拓新市场。

（3）产品更新换代。这是延长产品生命周期的最根本方法。

拓展阅读

学习网站

人人都是产品经理（http://www.woshipm.com/）。

推荐期刊

《管理世界》（http://www.mwm.net.cn/web/）。

实训操作单

实训操作单如表 3-3 所示。

表 3-3 实训操作单

小组名称：		小组成员：			
任务名称	制定产品生命周期策略				
任务背景	有一种时尚单品，自 19 世纪诞生以来，在千变万幻的时尚浪潮中屹立不倒，更是 T 台、街拍大热单品之一。潮流年年变，它却万年长青，这就是牛仔裤。				
任务实施	根据老师所给的案例，完成以下问题。 1. 分析牛仔裤所处行业的产品生命周期阶段。 2. 讨论牛仔裤跨越年龄、性别、社会阶层流行的原因。 3. 如果牛仔裤要继续流行下去，可以采取哪些营销策略？				
实训分工					
学生实训综合评估	教师评分	评价标准	分值/分	得分	备注
		能判断产品所处的生命周期阶段	25		
		能正确描述产品生命周期各阶段的特征	25		
		能提出切合实际的营销策略	50		
	生生互评评语				
	自我修正				

学生作业粘贴处

项目三　制定品牌策略

实训任务说明

1. 实训目标

通过实训，使学生掌握产品品牌的相关概念，训练学生识别和设计产品品牌的能力。

2. 能力要求

※**理论要求**

（1）了解品牌的概念、含义和分类。

（2）了解品牌命名的方法。

（3）掌握产品品牌的策略。

※**技能要求**

（1）具有商业敏感性，能对品牌策略进行分析。

（2）具有制定品牌策略的能力。

※**思政要求**

熟悉相关法律法规，具有品牌保护意识。

3. 实训任务流程

（1）教师讲授产品品牌的理论知识，学生完成相关案例分析，训练学生的实际分析能力。

（2）各学习小组根据教师指定的产品，对产品品牌进行调研，收集产品品牌标识，并对产品品牌进行评价。

（3）各组学生对该公司产品品牌策略进行讨论交流。

（4）每位学生都要撰写课堂体会，教师以小组为单位收集并打分。

相关知识

一、品牌与品牌分类

(一) 品牌含义

产品品牌是对产品而言的,包含两个层次的含义:一是指产品的名称、术语、标记、符号、设计等方面的组合体;二是代表有关产品的一系列附加值,包含功能和心理两方面的利益点,如产品所能代表的效用、功能、品位、形式、价格、便利、服务等。

(二) 品牌分类

品牌可以依据不同的标准,分为不同的种类。

1. 根据品牌知名度的辐射区域划分

根据品牌的知名度和辐射区域,可以将品牌分为地区品牌、国内品牌和国际品牌。

地区品牌是指在一个较小的区域之内生产销售的品牌,例如地区性生产销售的特色产品。这些产品一般在一定范围内生产、销售,产品辐射范围不大,主要受产品特性、地理条件及某些文化特性影响。比如,秦腔这种地方戏主要出现在陕西,晋剧主要在山西,豫剧主要在河南等。

国内品牌是指国内知名度较高,产品辐射全国的品牌,如娃哈哈饮料。

国际品牌是指在国际市场上知名度、美誉度较高,产品辐射全球的品牌,例如可口可乐、麦当劳、万宝路、奔驰等。

2. 根据品牌产品生产经营的不同环节划分

根据产品生产经营的所属环节,可以将品牌分为制造商品牌和经营商品牌。制造商品牌是指制造商为自己生产制造的产品设计的品牌。经销商品牌是经销商根据自身的需求及对市场的了解,结合企业发展需要创立的品牌。制造商品牌很多,如索尼、奔驰、长虹等。经销商品牌如沃尔玛等。

3. 根据品牌来源划分

依据品牌的来源,可以将品牌分为自有品牌、外来品牌和嫁接品牌。自有品牌是企业依据自身需要创立的品牌,如本田、东风、永久、全聚德等。外来品牌是指企业通过特许经营、兼并、收购或其他形式而取得的品牌。例如,联合利华收购的北京京华,中国香港的迪生集团收购的法国名牌商标 S.T. Dupont。嫁接品牌主要指通过合资、合作方式形成的带有双方品牌的新产品,例如琴岛-利勃海尔。

4. 根据品牌的生命周期长短划分

根据品牌的生命周期长短来划分,可以分为短期品牌、长期品牌。短期品牌是指品牌生命周期持续时间较短,由于某种原因在市场竞争中昙花一现或持续一时的品牌。长期品牌是指品牌生命周期随着产品生命周期的更替,仍能经久不衰、永葆青春的品牌,例如历史上的老字号全聚德、内联升等。也有些是长久发展而成的世界知名品牌,如可口可乐、奔驰等。

5. 根据品牌产品销售范围划分

依据产品品牌针对的是国内市场还是国际市场,可以将品牌划分为内销品牌和外销品牌。由于世界各国在法律、文化、科技等宏观环境方面存在巨大差异，一种产品在不同的国家市场上有不同的品牌，在国内市场上也有单独的品牌。将品牌划分为内销品牌和外销品牌对企业形象整体传播不利，但由于历史、文化等原因不得不采用，而对于新的品牌命名多是考虑到国际化的影响。

6. 根据品牌的行为划分

根据品牌产品的所属行业，可将品牌划分为家电业品牌、食用饮料业品牌、日用化工业品牌、汽车机械业品牌、服务业品牌、服装业品牌、网络信息业品牌等大类。

除了上述几种分类外，品牌还可依据产品或服务在市场上的态势划分为强势品牌和弱势品牌等。

二、品牌命名方法

（一）按照品牌名称的文字类型划分

按照品牌名称的文字类型，可以将品牌命名划分为文字型品牌、数字型品牌。其中，文字型品牌指的是品牌完全由文字的组合来命名，这种品牌命名方式最为常见。数字型品牌则是指品牌完全由数字或数字较多的组合来命名，因为阿拉伯数字通行全国，所以这种品牌名具有简洁、醒目、易读和易记的特点，例如999感冒灵、555牌香烟3M等。

（二）按照品牌名称的出处划分

按照这种划分标准，可将品牌命名划分为人名品牌、动植物名品牌、地名品牌和独创品牌。其中，人名品牌是以人物姓名为商品品牌的名称，这些人物大多是企业的创业者、设计者或知名人物。以动植物命名的品牌也很多，但真正成为世界级著名品牌的却不多，这可能与各国人民对动植物的熟悉度与爱好程度有关。其中，以动物命名的品牌有金狮、熊猫、白兔、鳄鱼等，以植物名称为品牌名的有梅花、牡丹、菊花和苹果等。地名品牌则是以产品的出产地或所在地的山川湖泊名胜为品牌名称，例如中国的青岛啤酒、燕京啤酒、西湖龙井茶、普洱茶等均属此类。独创品牌则是以企业名称或功能名称的缩写词来对品牌进行命名的品牌，这种命名方式的好处是简单易记、特色鲜明，在电子类产品中运用较多。

（三）按照品牌的特性划分

按照品牌的特性，可以将品牌命名划分为功能性品牌、效果性品牌和情感型品牌三种类型。其中，功能性品牌是指产品以其自身功能、效用、成分或用途等来命名。效果性品牌则意在向消费者传递产品在某方面具有很强的满足能力的价值信息，以期待在消费者心中留下深刻的印象。情感型品牌则是通过情感增加产品与消费者精神方面的沟通，以期消费者对产品产生情感上的共鸣。

三、品牌策略

（一）产品线扩展策略

产品线扩展指企业现有的产品线使用同一品牌，当增加该产品线的产品时，仍沿用原有的品牌。这种新产品往往是现有产品的局部改进，如增加新的功能、包装、式样和风格等。

（二）品牌延伸策略

品牌延伸策略是将现有成功的品牌，用于新产品或修正过的产品的一种策略。品牌延伸可以加快新产品的定位，保证新产品投资决策的快捷准确；有助于减少新产品的市场风险，提高整体品牌组合的投资效益。

（三）多品牌策略

在相同产品类别中引进多个品牌的策略称为多品牌策略。多品牌策略具有灵活性，有助于限制竞争者的扩展机会，使竞争者感到在每一个细分市场的现有品牌都是进入的障碍。在价格大战中捍卫主要品牌时，多品牌策略是不可或缺的。

（四）新品牌策略

为新产品设计新品牌的策略称为新品牌策略。企业在新产品类别中推出一个产品时，可能会发现原有的品牌名不适合，或是对新产品来说有更好、更合适的品牌名称，此时企业就需要设计新品牌。

（五）合作品牌策略

合作品牌（也称双重品牌）是两个或更多的品牌在一个产品上联合起来，每个品牌都期望另一个品牌能强化整体的形象或消费者购买意愿。

（六）差异化品牌战略

差异化品牌战略是指企业不同的产品分别使用不同的品牌与商标的战略。

（七）副品牌战略

副品牌一般会直观、形象地表达产品优点和个性形象。

拓展阅读

品牌三系统——理念系统、视觉系统、行为系统

理念系统（Mind Identity，MI）、视觉系统（Visual Identity，VI）和行为系统（Behavior Identity，BI），是品牌建设的三大系统，是品牌大规模化经营而引发的对内、对外管理行为的体现。这一系统学说，在20世纪60年代由美国首先提出，70年代在日本得到广泛推广和应用，是现代企业品牌走向整体化、形象化和系统管理的全新概念。其内涵是，将企业品牌经营理念根于精神文化，运用整体传达系统，传达给企业内部与大众，并使其对企业品牌生产、塑造具有一致的认同感或价值观，从而形成良好的企业形象和品牌价值。

一、理念系统（MI）

理念系统可以确立企业品牌独具特色的战略发展、经营管理理念，是企业品牌生产经营过程中设计、科研、生产、营销、传播、服务、管理等经营理念的识别系统，是企业品牌对当前和未来一个时期的经营目标、经营思想、营销方式和营销形态所做的总体界定，主要包括精神、使命、价值观、信条、经营宗旨、经营方针、市场定位、产业构成、组织体制、社会责任和发展规划等，属于企业品牌文化的意识形态范畴。

中粮集团使命：奉献营养健康的食品和高品质的生活服务，建立行业领导地位，使客户、股东、员工价值最大化。

格力企业愿景：缔造世界一流企业，成就格力百年品牌。

茅台酒质量理念：崇本守道，坚守工艺，贮足陈酿，不卖新酒。

二、视觉系统（VI）

视觉系统是以企业品牌标志、标准字体、标准色彩为核心展开的完整视觉传达体系，是将企业品牌理念、文化特质、服务内容、企业品牌规范等抽象语意转换为具体符号，塑造出独特的企业品牌形象。视觉识别系统分为基本要素系统和应用要素系统两方面。基本要素系统主要包括名称、标志、标准字、标准色、象征图案、宣传口语、市场行销报告书等；应用要素系统主要包括办公用品、生产设备、建筑环境、产品包装、广告媒体、交通工具、旗帜、招牌、标识牌、陈列展示等。

三、行为系统（BI）

行为系统是根据企业品牌实际经营管理理念与创造企业文化、品牌文化的准则，对企业品牌运作方式进行统一规划而形成的动态识别形态。它以经营管理理念为基本出发点，对内建立完善的组织制度、管理规范、职员教育、行为规范和福利制度；对外开展市场调查，进行产品开发，通过社会公益文化活动、公共关系、营销活动等方式来传达企业品牌理念，以获得社会公众对企业品牌识别认同的形式。

工作任务三 设计产品——满足需求

实训操作单

实训操作单如表 3-4 所示。

表 3-4 实训操作单

小组名称：		小组成员：	
任务名称	制定产品品牌策略			
任务背景	李宁牌商标充分体现了体育品牌所蕴含的活力和进取精神。 　　李宁商标采用了一个大大的字母 L，整体设计由汉语拼音 Li 和 Ning 的第一个大字母 L 和 N 的变形构成，主色调为红色，生动、细腻、美观，富于动感和现代意味。李宁商标的象征意义是飞扬的红旗、青春燃烧的火炬、热情的旋律和活力。 　　为了配合全球市场的拓展，李宁公司在 2010 年第三季度开始更换新的 Logo，产品涉及李宁运动鞋、服饰、配件及球类等全部产品线，同时全球李宁专卖店和企业 UI 都将使用此新标志。 　　李宁新 Logo 的设计依旧沿用了旧标志的设计概念，飘动的造型更加锐利和富有动感，传达给消费者"突破、进取、创新"的理念。 　　除核心品牌李宁牌之外，李宁公司同时还生产、开发、推广、分销及销售多个其他品牌的体育产品，包括红双喜乒乓球产品、Aigle（艾高）户外运动用品、Danskin 舞蹈和瑜伽时尚健身产品、Kason（凯胜）羽毛球产品。			
任务实施	根据老师所给出的案例，完成以下问题。 1. 分析李宁的品牌命名方法。 2. 讨论分析李宁的品牌策略。 3. 各学习小组尝试为李宁新设计一款运动产品，并为其命名。			
实训分工				
学生实训综合评估	教师评分	评价标准	分值/分	得分	备注
		产品品牌命名方法掌握熟练	25		
		牢固掌握产品品牌策略	25		
		新产品命名有创意	50		
	生生互评评语				
	自我修正				

学生作业粘贴处

项目四　制定产品包装策略

实训任务说明

1. 实训目标

通过实训，使学生掌握产品包装相关知识，能进行有针对性的包装设计，并根据产品属性提出科学的包装策略。

2. 能力要求

※理论要求

（1）了解包装的设计要求。

（2）熟悉包装的各种标志。

（3）掌握产品包装策略。

※技能要求

（1）具有合理进行产品包装设计的能力。

（2）能够制定相应的产品包装策略。

※思政要求

遵守职业道德，在产品包装策划过程中不弄虚作假。

3. 实训任务流程

（1）教师讲授产品包装理论知识，学生完成相关案例分析，训练学生实际分析能力。

（2）学生识读教师讲授的案例，并完成相关任务。

（3）教师提供相应商品以供学生讨论判断包装标识，学生提出相应的包装策略。

相关知识

一、包装的设计要求

产品包装，应当遵循适当、可靠、美观、经济的原则。由于产品的品种繁多，性能各有不同，要求也不一样，因此，在进行产品包装时所考虑的问题也不相同。一般可从下面三方面来考虑。

（一）被包装产品的性能

被包装产品的性能，主要包括产品的物态、外形、强度、重量、结构、价值、危险性等，这是进行包装时首先应考虑的问题。

1. 产品物态

产品物态主要有固态、液态、气态、混合等。不同的物态，其包装要求也不同。

2. 产品外形

产品外形主要有方形、圆柱形、多角形、异形等。产品包装要根据产品外形特点进行设计，要求包装体积小、固定良好、存放稳定且符合标准化要求。

3. 产品强度

对于强度低、易受损伤的产品，要充分考虑包装的防护性能，在包装外面应有明显的标记。

4. 产品重量

对于重量大的产品，要特别注意包装的强度，确保在流通中不损坏。

5. 产品结构

不同产品，往往结构不同，有的不耐压，有的怕冲击等。只有对产品结构有充分的了解，才能对不同产品进行恰当的包装。

6. 产品价值

不同产品，价值差异很大。对价值高者应重点考虑。

7. 产品危险性

对易燃、易爆、有毒等具有危险性的产品，要确保安全，在包装外面应有注意事项和特定标记。

（二）环境对产品的影响

产品在流通过程中，会遇到不同环境，它们对包装会产生不同影响，故应采取相应措施。

1. 气象条件

气象条件主要有阳光、温度、湿度、雨雪和空气等，它们对不同产品的影响不同，所以需要针对不同气象条件分别加以考虑。

2. 装卸条件

包装时应考虑是人工装卸还是机械装卸，以及装卸次数等条件。

3. 运输条件

产品在运输过程中，会受冲击、振动等作用，且不同的运输工具对包装的影响也不同。

包装时应考虑产品固定与缓冲。

4. 贮存条件

贮存多用堆码，包装应考察其耐压强度。另外，贮存还分室内贮存和室外贮存，前者要注意防潮、防霉、防水等，后者要注意防雨雪、防阳光、防风等。

（三）包装方式的选择

包装方式的选择对产品保护尤为重要，只有对产品性能及流通条件有全面了解，制定几种方案，综合进行评估，才能找到合适的包装方式。

1. 选择包装材料

根据产品性能选择与之相适应的包装材料来制作包装容器，同时选择合适的附属包装材料来包装产品。

2. 选择包装方法

根据对产品保护强度的要求（使用方便，便于机械装卸和运输等），来选择适当的包装工艺和包装方法。

二、包装标志

包装标志是在运输包装的外部印制的图形、文字和数字以及它们的组合。包装标志主要有运输标志、指示性标志、警告性标志三种。

（一）运输标志

运输标志又称唛头（Mark），是指在产品外包装上印制的反映收货人和发货人、目的地或中转地、件号、批号、产地等内容的几何图形、特定字母、数字和简短的文字等。

（二）指示性标志

指示性标志是根据产品的特性，对一些容易破碎、残损、变质的产品，用醒目的图形和简单的文字进行标志。指示性标志指示有关人员在装卸、搬运、储存、作业中应引起注意，常见的有"小心轻放""由此吊起"等，如图3-2所示。

图3-2　指示性标志

（三）警告性标志

警告性标志是指在易燃品、易爆品、腐蚀性物品和放射性物品等危险品的运输包装上印制特殊的文字，以示警告。常见的有"爆炸品""易燃品""有毒品"等，如图3-3所示。

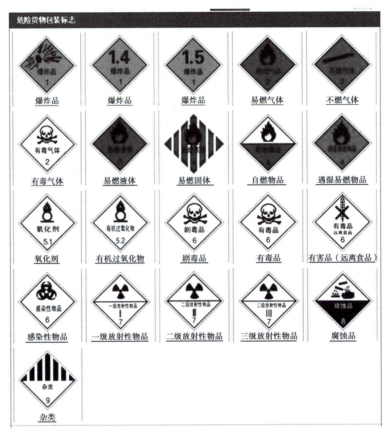

图3-3 警告性标志

三、产品包装策略

产品包装策略是一种具有战略眼光的设计策略，具有前瞻性、目的性、针对性、功利性，当然也有局限性。符合市场营销战略的产品包装策略是成功包装设计的最核心、最本质因素。下面从六个方面，讲述在企业营销策略基础上如何准确地把握包装设计的精髓，进行有针对性的包装设计。

（一）类似包装

类似包装是指企业所有产品的包装，在图案、色彩等方面均采用同一形式。这种方法可以降低包装的成本，扩大企业的影响，特别是在推出新产品时，可以利用企业的声誉，使顾客首先从包装上辨认出产品，迅速打开市场。

（二）组合包装

组合包装是把若干有关联的产品，包装在同一容器中。如化妆品的组合包装、节日礼品盒包装等，都属于这种包装方法。组合包装不仅能促进消费者的购买，也有利于企业推销产品，特别是推销新产品时，可将其与老产品组合出售，创造条件使消费者接受、试用。

(三) 附赠品包装

附赠品包装是指在包装物中附赠一些物品，从而引起消费者的购买兴趣，有时还能促进顾客重复购买的意愿。例如，在珍珠霜盒里放一颗珍珠，顾客买了一定数量之后就能串成一根项链。

(四) 再使用包装

再使用包装是指在产品使用完后，包装还可做别的用处，这样，购买者可以得到一种额外的满足感，从而激发其购买产品的欲望。如设计精巧的果酱瓶，在果酱吃完后可以当作茶杯。包装物在继续使用过程中，实际还起了广告作用，增加了顾客重复购买的可能。

(五) 分组包装

分组包装是指对同一种产品，可以根据顾客的不同需要，采用不同级别的包装。若用作礼品，可以用精致的包装；若自己使用，则只需简单包装。此外，对不同等级的产品，也可采用不同包装。高档产品，包装精致，以示产品的价值；中低档产品，包装简略，以减少产品成本。

(六) 改变包装

当由于某种原因，产品销量下降，市场声誉跌落时，企业可以在改进产品质量的同时，改变包装的形式，从而以新的产品形象出现在市场上，改变产品在消费者心目中的不良地位。这种做法，有利于迅速恢复企业声誉，重新扩大市场份额。

 拓展阅读

饮料包装新趋势

随着可持续性成为许多消费者关心的话题，以及新技术的引入，饮料公司正在考虑如何将新解决方案运用到其饮料包装中。近日，外媒 FoodBev 发布了 2020 年饮料包装的五种创新趋势。

一、铝罐

近年来，铝罐的使用有了显著增长，这是因为铝罐具有重量轻、可堆叠、坚固等特点，品牌可以在使用更少新材料的同时，更方便地包装和运输更多的饮料。根据 Mordor Intelligence 的数据，铝罐市场在 2020—2025 年的复合年增长率将达到 3.2%。

铝因其可持续性而被认为是一种优秀的包装材料，这使它特别适合那些希望在满足环境目标的同时推广其产品的公司。铝罐的主要好处之一是它们能够在一个真正的循环过程中被反复回收，从而减少其对环境的影响。

二、纸吸管

随着对一次性塑料产品的抵制，从塑料吸管到纸吸管的转变已经成为一个越来越受欢迎的选择。普乐（Huhtamaki）集团、可口可乐和 Amatil Australia 是生产耐用、天然、可持续和可回收纸吸管的品牌之一。

在世界范围内，弃用吸管已经属于政治决策，欧洲和北美的多个城市都颁布了塑料吸

管的禁令。英国政府宣布从 2021 年 4 月起禁止在英国销售和使用塑料吸管和调酒棒。

2018 年，星巴克宣布要在 2020 年用纸吸管全面替代塑料吸管，从 2019 年世界地球日开始，在上海、深圳等一千多家门店开始执行。2020 年 7 月 1 日，麦当劳中国郑重宣告：以后再也不提供塑料吸管了。

三、环保设计

不仅仅是纸成为流行的包装替代品，许多消费者在购买饮料时，都在寻找可回收、可降解或可堆肥、功能更好的物品。

根据 Global Web Index 的数据，61%的"千禧一代"可能会花更多的钱购买环保或可持续的产品。包括摩森康胜、百事可乐、可口可乐在内的许多公司发布了包装策略，其中包括减少 26%的碳排放，改善回收基础设施以及在塑料包装中加入至少 30%的可回收成分。

四、交互式包装

交互式包装已经出现了一段时间，但新的技术进步正在不断增加，预计企业将整合某种技术进步，以促进它们的增长。包装已经成为消费者更多的互动体验，特别是 AR 技术将获得认可。根据 Kezzler 的一项研究，交互式 AR 包装近年来增长了 120%，尤其吸引"千禧一代"的消费者，因为它通过游戏、音乐和食谱等体验提供了额外的吸引力。

除了通过使用技术为消费者提供吸引人的体验外，交互式包装还提供了更高的透明度，允许消费者在扫描产品包装上的二维码后访问智能手机上的安全平台，该平台提供了产品供应链信息。

2019 年 6 月，利乐公司推出了一个新的互联包装平台，将牛奶和果汁纸盒转变为互动渠道、全规模数据载体和数字工具。该平台利用代码生成、数字打印和数据管理为食品生产商、零售商和购物者提供洞察，还向消费者提供有关生产、配料和包装回收的产品信息。

五、透明度

随着有健康意识的消费者对产品信息和选择有了更多的了解，企业需要提供清晰、简洁和透明的信息，促进消费者和品牌之间的信任。随着时间的推移，我们可以看到一种趋势，那就是在酒精饮料的包装上明确标明卡路里含量，英国希望这样做能解决国内的肥胖问题。

英国政府报告称，80%的公众不知道普通饮料的卡路里含量，许多人通常低估了其真正的卡路里含量。2018 年，苏格兰威士忌协会（SWA）支持了饮料行业提交给布鲁塞尔的一项联合提案——确保到 2022 年，在欧盟销售的所有啤酒、葡萄酒和烈酒的营养信息都能获得。

（资料来源：饮料行业网，《2020 年饮料包装五大趋势》，2020-08-19）

 实训操作单

实训操作单如表3-5所示。

表3-5 实训操作单

小组名称：		小组成员：			
任务名称	产品包装				
任务背景	包装的作用仅仅是美观、促进销售？通过以下实训请同学们体会包装的价值。 1. 准备若干不同种类的商品运输包装（外包装）。 2. 准备商品的销售包装（内包装）。				
任务实施	根据老师所提供的商品包装，完成以下问题。 1. 区分哪些是运输包装、哪些是销售包装。 2. 指出运输包装上的标志及含义。 3. 指出销售包装上的标志及含义。 4. 对商品的包装进行评价。				
实训分工					
学生实训综合评估	教师评分	评价标准	分值/分	得分	备注
		商品包装分类挑选	30		
		运输包装标志识别	20		
		销售包装标志识别	20		
		包装评价合理	30		
	生生互评评语				
	自我修正				

项目五　制定价格策略

实训任务说明

1. 实训目标

通过实训，使学生掌握企业定价策略与定价方法、价格策划的流程与方法、策划书的内容与格式。

2. 能力要求

掌握企业定价策略；掌握定价方法，进行定价方案设计；掌握价格策划的流程与方法，学会撰写策划书。

※ 理论要求

（1）了解价格策划的流程。

（2）掌握企业定价策略。

（3）掌握产品定价的方法。

※ 技能要求

（1）具有进行定价方案设计的能力。

（2）具有撰写定价策划书的能力。

（3）能够使用不同定价方法，计算产品价格。

※ 思政要求

遵守职业道德，在制定价格时严格遵守相关法律法规。

3. 实训任务流程

（1）教师讲授定价策略、定价方法的理论知识，学生完成相关案例分析，训练学生实际分析能力。

（2）学生识读教师讲授的案例，并对企业产品状况进行分析；结合企业实际和竞争状况，选择定价策略；根据定价策略，选择定价方法。

（3）案例讲解。

 **相关知识**

一、定价方法

(一) 成本导向定价法

1. 成本加成定价法

成本加成定价法是指按照单位成本加上一定百分比的加成来制定产品的销售价格,即把所有为生产某种产品而发生的耗费均计入成本的范围,计算单位产品的变动成本,合理分摊相应的固定成本,再按一定的目标利润率来决定价格。其计算公式为:

$$单位产品价格 = 单位产品总成本 \times (1+目标利润率)$$

例题:某皮具厂生产 1 000 个皮箱,固定成本为 3 000 元,每个皮箱的变动成本为 45 元,企业确定的成本利润率为 30%,请用成本加成定价法进行定价。

解:单位产品价格 = 单位产品总成本 × (1+目标利润率)
= (单位固定成本+单位变动成本) × (1+目标利润率)
= (总固定成本/产品数量+单位变动成本) × (1+目标利润率)
= (3 000/1 000+45) × (1+30%)
= 62.4(元)

2. 目标收益定价法

目标收益定价法又称目标利润定价法或投资收益率定价法,是根据估计的总销售收入(销售额)和估计的产量(销售量)来制定价格的一种方法。企业需要确定能带来它正在追求的目标投资收益,其计算步骤如下。

(1) 确定目标收益率。目标收益率可表现为投资收益率、成本利润率、销售利润率、资金利润率等不同方式。

(2) 确定目标利润。由于目标收益率的表现形式的多样性,目标利润的计算也不同,其计算公式为:

$$目标利润 = 总投资额 \times 目标投资利润率$$
$$目标利润 = 总成本 \times 目标成本利润率$$
$$目标利润 = 销售收入 \times 目标销售利润率$$
$$目标利润 = 资金平均占用率 \times 目标资金利润率$$

(3) 计算售价。售价计算公式为:

$$售价 = (总成本+目标利润)/预计销售量$$

目标收益定价法的优点是可以保证企业既定目标利润的实现。这种方法一般用于在市场上具有一定影响力的企业、市场占有率较高或具有垄断性质的企业。目标收益定价法的缺点是只从卖方的利益出发,没有考虑竞争因素和市场需求的情况。

例题:某服装厂生产服装,投资额为 100 万元,预计第一年产量 9 万件,预期投资收益率为 15%;第二年产量 10 万件,投资收益率为 12%;第三年及其以后各年产量 15 万件,投资收益率为 10%。假定该公司各年的固定成本消耗为 30 万元,单位变动成本为 5 万元,请计算单位产品售价应定多少元才能收回预期的投资收益率。

解：（1）第一年单位产品价格。

$$预期投资收益额 = 投资总额 \times 投资收益率$$
$$= 1\,000\,000 \times 15\%$$
$$= 150\,000（元）$$
$$总变动成本 = 单位变动成本 \times 产量$$
$$= 5 \times 90\,000$$
$$= 450\,000（元）$$
$$总成本 = 变动成本 + 固定成本$$
$$= 450\,000 + 300\,000$$
$$= 750\,000（元）$$
$$单位产品价格 = (总成本 + 预期投资收益额)/产量$$
$$= (750\,000 + 150\,000)/90\,000$$
$$= 10（元）$$

（2）第二年单位产品价格。

$$预期投资收益额 = 1\,000\,000 \times 12\%$$
$$= 120\,000（元）$$
$$总变动成本 = 5 \times 100\,000 = 500\,000（元）$$
$$总成本 = 500\,000 + 300\,000$$
$$= 800\,000（元）$$
$$单位产品价格 = (800\,000 + 120\,000)/100\,000$$
$$= 9.2（元）$$

（3）第三年及其以后各年单位产品价格。

$$预期投资收益额 = 1\,000\,000 \times 10\%$$
$$= 100\,000（元）$$
$$总变动成本 = 5 \times 150\,000$$
$$= 750\,000（元）$$
$$总成本 = 750\,000 + 300\,000$$
$$= 1050\,000（元）$$
$$单位产品价格 = (1\,050\,000 + 100\,000)/150\,000$$
$$= 7.67（元）$$

根据计算，该服装公司第一、二、三年单位产品售价应分别为 10 元、9.2 元、7.67 元，才能达到预期的投资收益。

3. 边际成本定价法

边际成本定价法也叫边际贡献定价法，该方法以变动成本为定价基础，只要定价高于变动成本，企业就可以获得边际收益（边际贡献），用以抵补固定成本，剩余即为盈利。其计算公式为：

$$P = (CV + M)/Q$$
$$M = S - CV$$

式中，P 为单位产品价格；CV 为总的变动成本；Q 为预计销售量；M 为边际贡献；S 为预计销售收入。

如果边际贡献等于或超过固定成本，企业就可以保本或盈利。这种方法适用于产品供过于求、卖方竞争激烈的情况。在这种情况下，与其维持高价，导致产品滞销积压，丧失市场，不如以低价保持市场，不计固定成本，尽量维持生产。

4. 盈亏平衡定价法

盈亏平衡定价法也叫保本定价法或收支平衡定价法，是指在销量既定的条件下，企业产品的价格必须达到一定的水平才能做到盈亏平衡、收支相抵。既定的销量称为盈亏平衡点，这种制定价格的方法就称为盈亏平衡定价法。科学地预测销量和已知固定成本、变动成本是盈亏平衡定价的前提。

盈亏平衡定价法就是运用盈亏平衡分析原理来确定产品价格的方法。盈亏平衡分析的关键是确定盈亏平衡点，即企业收支相抵、利润为零时的状态。盈亏平衡定价法的计算公式为：

$$P = (FC/Q) + VC$$

式中，P 为产品的单位价格；FC 为产品的固定总成本；Q 为产品的销量。

例题：某企业某项产品年固定成本为 180 000 元，每件产品的单位变动成本为 50 元，如果销量可望达到 6 000 件，其收支平衡价格为多少？

$$解：P = (FC/Q) + VC$$
$$= (180\,000/6\,000) + 50$$
$$= 80（元）$$

根据盈亏平衡定价法确定的产品价格，是企业的保本价格。低于此价格企业会亏损，高于此价格企业则有盈利，实际售价高出保本价格越多，企业盈利越大。因此，盈亏平衡定价法常作为对企业各种定价方案进行比较和选择的依据。

（二）需求导向定价法

需求导向定价法是以消费者对产品价格的接受能力和需求程度为依据制定价格的方法。它不以企业的生产为定价的依据，而是在预计市场能够容纳目标产销量的需求价格限度内，确定消费者价格、经营者价格和生产者价格，具体可分为以下几种方法。

1. 认知价值定价法

认知价值定价法是根据消费者所理解的某种商品的价值，或者说是消费者对产品价值的认识程度来确定产品价格的一种定价方法。

2. 逆向定价法

逆向定价法是指企业根据顾客能够接受的最终销售价格来制定产品批发价或出厂价的一种定价方法。

3. 拍卖定价法

拍卖定价法是指卖方按照顾客愿意出的最高价格为商品定价，即卖方先规定一个较低的起卖价，然后买主公开叫价竞购，从而不断抬高产品价格，直到没有竞争者的最后一个价格（即最高价格）时，卖主才出售自己的产品。

（三）竞争导向定价法

1. 密封投标定价法

密封投标定价法是指在招标竞标的情况下，企业在了解竞争对手的基础上定价。这种价格是企业根据对其竞争对手报价的估计确定的，其目的在于签订合同，所以它的报价应低于竞争对手的报价。密封投标定价法主要用于投标交易方式。

2. 随行就市定价法

随行就市定价法，又叫流行水准定价法，是指在市场竞争激烈的情况下，企业为保存实力，采取按同行竞争者的产品价格定价的方法。这种定价法特别适合于完全竞争市场和寡头垄断市场。

二、价格策略

（一）新产品定价策略

新产品是指全新产品，即新发明的产品或在本国市场上第一次出现的产品。新产品的定价策略通常包括两种。

1. 撇脂定价策略

撇脂定价策略是指企业将产品价格定得很高，且在促销方法花费不多，以期在短期内收回成本并赚取最大利润的策略。

2. 渗透定价策略

渗透定价策略是指企业将产品价格定得很低，以期吸引大量顾客，从而提高产品的市场占有率的策略。

（二）心理定价策略

1. 整数定价

对于那些无法明确显示其内在质量的商品，消费者往往通过其价格的高低来判断其质量的好坏。但是，在整数定价方法下，价格高并不是绝对高，而只是凭借整数价格来给消费者造成高价的印象。整数定价常常以偶数，特别是"0"作尾数。

2. 尾数定价

企业利用消费者求廉的心理，制定非整数价格，而且常常以奇数作尾数，尽可能在价格上不进位。

3. 声望定价

声望定价是根据产品在消费者心中的声望、信任度和社会地位来确定产品价格的一种定价策略。声望定价可以满足某些消费者的特殊欲望，如地位、身份、财富、名望和自我形象等，还可以通过高价格显示产品的名贵优质，因此，这一策略适用于一些传统的名优产品、具有历史地位的民族特色产品，以及知名度高、有较大的市场影响、深受市场欢迎的驰名商标。

4. 招徕定价

招徕定价是指将某几种商品的价格定得非常高，或者非常低，在引起消费者的好奇心理和观望行为之后，带动其他商品的销售。这一定价策略常为综合性百货商店、超级市场，以及高档商品的专卖店所采用。

（三）价格折扣策略

1. 数量折扣

数量折扣指按购买数量的多少，分别给予不同的折扣，购买数量愈多，折扣愈大。

2. 现金折扣

现金折扣是对在规定的时间内提前付款或对现金付款者给予的一种价格折扣，其目的是鼓励顾客尽早付款，加速资金周转，降低销售费用，减少财务风险。

3. 功能折扣

功能折扣指中间商在产品分销过程中所处的环节不同，其所承担的功能、责任和风险也不同，企业据此给予不同的折扣。

4. 季节折扣

有些商品的生产是连续的，而其消费却具有明显的季节性。为了调节供需矛盾，这些商品的生产企业便采用季节折扣的方式，对在淡季购买商品的顾客给予一定的优惠，使企业的生产和销售在一年四季能保持相对稳定。

5. 回扣和津贴

回扣是间接折扣的一种形式，它是指购买者在按价格目录将货款全部付给销售者以后，销售者再按一定比例将货款的一部分返还给购买者。津贴是企业为特殊目的，对特殊顾客以特定形式给予的价格补贴或其他补贴。

（四）差别定价策略

1. 顾客差别定价

顾客差别定价是指对于同样的产品或者服务，不同顾客需支付不同的金额。例如，公园门票、成人票和儿童票价格不同，景点对持有老年证的人实行半票或免票。

2. 渠道差别定价

同一产品在不同的销售渠道，价格会不一样，如饮料和酒品根据产品是在高级餐厅、快餐店或零售店制定不同的价格。

3. 地点差别定价

地点差别定价指同一产品在不同地点可制定不同的价格，即使在不同地点，提供物的成本是相同的，如火车的卧铺票，上、中、下铺的价格不同。

4. 时间差别定价

时间差别定价指价格按季节、日期、时间不同而采用有差别的定价方法。例如，景区、公园门票价格有淡季和旺季的价格，机票也有淡季和旺季的价格。

（五）产品组合定价策略

1. 产品线定价法

企业的某一产品线包括了若干个产品项目，则企业就要把这些产品项目分成若干等级，然后根据不同目的将不同等级的产品分别制定不同的价格。

2. 选择特色定价法

许多企业在提供主要产品的同时，还提供配套选品，如饭店不仅提供饭菜，而且提供烟酒；电脑制造商不仅提供整机，而且提供配件。

3. 附带产品定价法

附带产品是指必须和主要产品一同使用的产品，也称附属产品。例如，硒鼓是激光打印机附带品，刀片是剃须刀的附带品。某些大公司往往把主要产品价格定得较低，而把附带产品价格定得较高，以此对抗那些只生产主要产品的企业。

三、价格策划的程序

（1）选择定价目标。
（2）核算产品成本。
（3）调查和预测竞争者的反应。
（4）选择定价方法。
（5）确定定价策略。
（6）确定最后价格。

 拓展阅读

学习网站

世界经理人（http://www.ceconline.com/）。

书目推荐

1. 利·考德威尔. 价格游戏：如何巧用价格让利润翻倍 [M]. 钱峰，译. 杭州：浙江大学出版社，2017.
2. 吉本佳生. 大杯咖啡经济学：价格与生活的经济学 [M]. 朱悦玮，译. 北京：中信出版社，2019.

思维导图

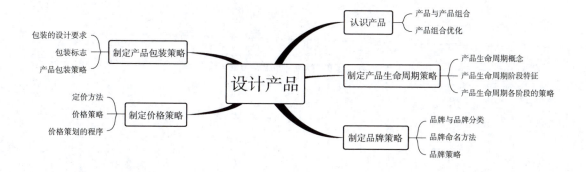

实训操作单

实训操作单如表 3-6 所示。

表 3-6 实训操作单

小组名称：			小组成员：		
任务名称	制定产品定价策略					
任务背景	华信集团是生产和经营葡萄酒的专业公司，其生产的味美思葡萄酒在市场上享有较高的声誉，占有率一度在 20% 以上。另一家公司推出一种新型葡萄酒，其质量不比味美思差，每瓶价格却比它低 1 元。 华信的市场营销人员经过深思熟虑后，采取了对方意想不到的策略，即将味美思的价格再提高 1 元，同时推出一种与竞争对手新葡萄酒价格一样的合意酒和另一种价格低一些的如意酒。其实，这三种酒的味道和成本几乎相同。该项策略使华信扭转了不利局面：一方面提高了味美思的地位，使竞争对手的新产品成为一种普通的品牌；另一方面不影响公司的销售收入，而且销量和利润大增，令人拍案叫绝。				
任务实施	根据老师所给的案例，完成以下问题。 1. 分析葡萄酒的市场状况。 2. 结合华信集团现状选择定价策略。 3. 撰写定价策划书。				
实训分工					
学生实训综合评估	教师评分	评价标准	分值/分	得分	备注
		能判断产品市场状况	25		
		定价策略选择合理	25		
		定价策划书格式规范	50		
	生生互评评语					
	自我修正					

学生作业粘贴处

工作任务三　设计产品——满足需求

工作任务书　新产品的面世

本工作任务，主要学习了关于产品的相关内容。通过项目理论知识的学习和实训技能的操作，学生已经掌握基本的产品策划要点和相关行业的产品策划内容，并掌握产品定价的基本策略和产品包装的基本策略。在此学习基础上，学生须完成下列工作任务，并形成书面文件。

华信集团拟成立饮料公司，请你在充分进行市场调研的基础上，为新饮料公司设计产品线和产品项目，并选取其中的一个产品进行产品品牌、包装和价格策划，形成工作任务书。

工作任务四

营销策划——制胜法宝

项目一　认识策划

 **实训任务说明**

1. 实训目标

通过实训项目，使学生掌握营销策划的内容、步骤，了解营销策划的流程与组织；要求学生通过充分的交流合作、合理分工、互相讨论和互相启发，探索完成适合本团队的项目，并对项目提出整体策划思路。

2. 能力要求

※**理论要求**

（1）了解营销策划的含义、要素与基本原理。

（2）了解营销策划人员应具备的基本素养。

（3）掌握营销策划的方法与基本流程。

※**技能要求**

（1）具有撰写营销策划书的能力。

（2）能通过团队合作，运用相关资料解决相关问题。

（3）具有团队合作精神和协调团队内部人际关系的能力。

※**思政要求**

熟悉《中华人民共和国反不正当竞争法》，在进行营销策划时遵守相关法律规定。

3. 实训任务流程

（1）授课教师讲解营销策划的相关理论知识。

（2）学生通过收集网络资料、实体案例等方式，整理相关企业营销策划经典案例，并进行小组讨论。

（3）授课教师给出工作任务背景，学生进行营销策划活动设计。

（4）学生进行营销策划活动展示，学生和教师对方案进行点评和打分，汇总各小组成绩。

相关知识

一、营销策划内涵

(一) 策划的内涵与类型

1. 策划的内涵

策划活动贯穿于人类的历史长河之中，从古至今，为了达到特定的目标，人们总是有意无意地进行着各种策划活动。我国"策划"之说可谓历史悠久，《后汉书·隗嚣公孙述列传》中有"是以功名终申，策画复得"之句，其中"画"与"划"相通互代，"策画"即"策划"，意思是计划、打算。策最主要的意思是指计谋，如决策、献策、下策、束手无策。划指设计，如工作计划、筹划、谋划。我国"策划"，最早始于军事领域，经典策划活动如完璧归赵、鸿门宴、火烧赤壁等。

2. 策划的类型

按照不同的划分标准，策划可以分为不同类型。策划按照涉及的行业不同，可以分为以下几种。

（1）行业策划。行业策划是指企业对各种经营管理业务进行的策划活动，如企业总体战略策划、企业职能战略策划、企业业务战略策划等。

（2）文化策划。文化策划指举办各种文化活动、文艺演出等策划活动，如春节联欢晚会。

（3）政府策划。政府策划指政府部门所进行的各种策划，如地方政府为招商引资进行的策划活动等。

策划按涵盖时间长短，可以分为战略策划、战术策划等。

头脑风暴专栏

请以小组为单位，采用头脑风暴的形式，讨论策划与计划的区别。

(二) 营销策划的内涵与特点

1. 营销策划的内涵

营销策划是指营销策划人员，以企业整体战略目标为基础，根据企业现有资源状况，在对企业内外部环境进行分析的基础上，设定预期目标，并激发创意、设计和组合营销因素，从而高效率地达到预期目标的活动过程。

2. 营销策划的特点

（1）创新性。创新是营销策划的灵魂所在。营销策划的创新性是指营销策划必须运用创新思维，提出解决市场问题、实现营销目标的新创意、新方法，甚至创造新的生活方式和消费观念，从而唤起消费者的购买欲望，把潜在消费者转化为现实消费者。

（2）效益性。营销策划必须以最小的投入使企业获得最大收益。企业营销策划的根本目的是取得经济效益，否则就是失败的营销策划。

（3）可行性。营销策划必须具有特定资源约束条件下的可行性。可行性首先是指营销策划方案能够实际操作实施，无法在实践中操作执行的策划方案，再新奇也毫无价值可言；其次是指营销策划方案必须易于操作实施。

（4）应变性。营销环境是动态变化的，企业在进行营销策划过程中，有可能会遭遇一些对策划产生巨大影响的突发事件和风险因素，如政府政策的变动、经济因素的变动、社会舆论的影响、疫情等不可抗力的发生、竞争对手的反击等。

（5）前瞻性。营销策划是对未来营销活动在当前的决策，因此必须具有前瞻性。

> **头脑风暴讨论会**
>
> 请分组讨论策划与计划的区别，并在下文方框中以表格形式呈现。

二、营销策划人员的基本素质

通过调研，总结现有成功营销策划人员的基本素质后发现，一名营销策划人员必须具备下列素质。

（一）丰富的知识

任何一个营销策划方案由于涉及的对象和主题不同，其所需要的相关知识也不一样。营销策划人员面临着策划方案环境和因素的不断变动，所以需要具备丰富的知识储备。营销策划人员需要具备的知识包括专业理论知识、社会生活知识和政策法规知识等。其中，专业理论知识包括经济学、统计学、数据分析、心理学、营销学、传播学等方面，社会生活知识包括相关社会心理、社会风俗及社会现象分析等方面，政策法规知识则涉及一些相关行业产业的法律、政策法规等方面。

（二）敏锐的观察力

营销策划人员要从过去和现在的资料中，迅速地察觉出可供策划的资源，分辨出问题的"痛点"与症结所在，这就需要营销策划人员具有敏锐的观察力。敏锐的观察力可以使营销策划人员迅速觉察到一般人未注意到的细节，及时抓住问题的本质，捕捉市场机会，更加快速地找到解决问题的办法。

(三)科学严谨与创造精神

营销策划是一种高智商的创造活动,这就要求策划人员要有科学严谨的态度和创造性的思维。营销策划人员需要具备崇尚科学、实事求是的态度,以及严密的思维,重视论证,追求策划方案的科学性、严密性和高效性。同时,在追求科学严谨的基础上,营销策划人员要有独特的见解和与众不同的想法,避免人云亦云、照抄照搬、轻附众议,要勇于创新、突破思维、打破现状、求新图变。

(四)良好的表达能力

一份营销策划书能否成为指导未来的行动指南,最终还是取决于企业高层管理人员是否接受并决定使用它。因此,营销策划人员必须具备良好的表达能力,以便将营销策划书的内容简洁、生动地传达给企业高层管理人员,以获得高层认可。良好的表达能力要求策划人员必须掌握一定的数值化技巧和图像化技巧,熟练地运用统计图表、流程图、实体模型等。

(五)执行能力

营销策划的执行和实施,需要策划人员有坚强的意志,排除外界的干扰,拥有处理各方面关系的沟通说服能力和协调能力,从而将营销策划如实地贯彻下去,否则,营销策划书就会沦为纸上谈兵。

(六)学习能力

营销策划不是教条主义,它是一个动态的变化过程,必须在不断变化的市场环境和人文环境中进行。因此,营销策划人员的学习能力是衡量营销策划质量的标尺。只有不断加强对新知识的学习,并且接受新资讯和新观念,营销策划才能活起来。

(七)情报能力

情报能力是指收集、分析必需的信息情报,让信息情报成为营销策划的基础,成为营销策划过程中对未来进行判断的依据的能力。情报工作是营销策划人员主要的日常工作,也是营销策划的基础。

请根据如表4-1所示的营销策划素质匹配自测表,对自己的营销策划素质进行测算。

表4-1 营销策划素质匹配自测表

素质	基本要求	自测得分	备注
专业知识 (20分)	熟悉经济学、统计学、数据分析、心理学、营销学、传播学、社会生活知识、相关专业法律政策知识等		
观察力 (10分)	具有敏锐的观察力,能抓住问题的"痛点"		
严谨的态度 (10分)	具备崇尚科学、实事求是的态度,以及严密的思维,重视论证,追求策划方案的科学性、严密性和高效性		

续表

素质	基本要求	自测得分	备注
创新力（15分）	具有创新精神，不墨守成规，敢于打破现状，求新图变		
表达力（15分）	具有良好的语言表达能力，并掌握一定的数值化技巧和图像化技巧，熟练运用统计图表、流程图、实体模型等		
执行力（10分）	能把想法变成行动，把行动变成结果，按时完成任务		
学习能力（10分）	不断学习，与时俱进，并且能够主动探索和习得原先不了解的知识和技能，并且能应用这种新掌握的技能，去解决自己原先不能解决的问题		
情报能力（10分）	能及时收集情报，建立资料库；具有处理情报、整理信息的能力		
合计得分			

三、营销策划的流程与组织

（一）营销策划的流程

营销策划作为一门实践性很强的科学性与艺术性相结合的企业市场活动行为，本身既有严谨的内在逻辑，又有可操作性的市场营销程序。因此在进行营销策划时，应按照一定的步骤进行，以提高营销策划的质量和科学性。营销策划应按照如图4-1所示的流程逐步进行。在营销策划制订的过程中不断修正，不断提升营销策划方案的可行性，以达到最终的目标。

1. 内外部环境分析

内外部环境分析是指企业营销策划者通过SWOT分析法、PESTEL分析法等定性分析的方法，对企业的内外部环境进行调查和分析，进而明确企业目前所处位置。任何营销策划都必须首先从内外部环境分析入手，做好前期行业调研。

2. 营销目标设定

在环境分析的基础上确定营销目标，是营销策划的第二步，也是整个流程的关键环节。目标在设定时应遵循

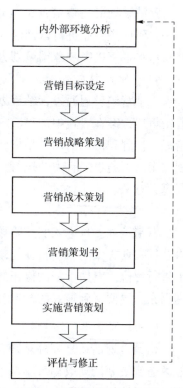

图4-1 营销策划闭环流程

SMART 原则，即具体（Specific）、可衡量（Measurable）、可操作性（Attainable）、相关性（Relevant）、时限性（Time-bound）。

营销目标在设定时，需注意以下两点。

（1）营销目标要量化，便于核算。对于不易量化的目标，也要尽量设定客观的评价标准。

（2）营销目标在设定时不能太高，也不能太低。太高的目标，不易达成，难以实现，会造成消极影响；太低的目标，起不到激励作用，无法达到营销策划的目的。

3. 营销战略策划

营销目标回答的是"到哪里"的问题，而营销战略回答的是"如何到达"的问题。营销战略策划在整个策划流程中居于重要地位，是整个营销策划流程的核心所在。营销战略策划主要包括STP三部分，即市场细分（Segmenting）、目标市场选择（Targeting）和市场定位（Positioning）。

4. 营销战术策划

营销战术策划是指企业根据营销战略策划而制定的一系列更为具体的营销手段，具体内容包括4P，即产品（Product）、价格（Price）、渠道（Place）、促销（Promotion）策划等。营销战术策划是营销战略策划由宏观层面向微观层面的延伸，它在营销战略策划的总体指导框架之内，对各种各样的营销手段进行综合考虑和整体优化，以求达到最理想的效果。

5. 营销策划书

营销策划书是整个营销策划活动的书面载体，它一方面是营销策划活动的主要成果，另一方面也是企业进行营销活动的书面行动计划。营销策划书凝聚着整个策划活动的智慧，其写作水平直接影响营销策划方案的有效表达，从而影响市场营销决策。

6. 营销策划实施

一个营销策划通过营销策划书表现出来后，接下来的工作就是将营销策划书中所写的营销策划方案在实践中加以实施。营销策划实施，指的是营销策划方案实施过程中的组织、指挥、控制和协调活动，是把营销策划方案转化为具体行动的过程。即便再优秀的营销策划方案，不通过强有力的执行，也是无法达成预期目标的，只能是纸上谈兵，对企业的发展毫无意义。

7. 评估与修正

营销策划一旦进入实施阶段，就需要进行效果评估与修正。所谓营销策划的评估就是将营销策划方案的预期目标与现实中得到的结果加以比较，通过比较对营销策划实施的效果进行评价；营销策划的修正则是当发现营销策划实际实施效果出现偏差时，及时修正不利因素，以便达到最终的营销目标。

（二）营销策划的组织

营销策划活动是一种复杂且富有创意的智慧行为。选择有效的策划实现途径，能使企业的营销策划活动取得事半功倍的效果。建立完善的策划组织机构和选取优秀的策划人才，则是营销策划活动顺利开展的重要前提和保证。

1. 选择有效的策划实现途径

企业进行营销策划主要可以通过两种途径来实现：一是通过"自力更生"的方式，即企业自行组织内部营销管理人员建立自己的策划部门进行策划；另一种是借助于"外部智慧"，即通过外聘专业的策划人员或策划公司来进行策划。具体采用哪种途径，企业应根据自己实际情况灵活选择。

2. 建立完备的营销策划组织机构

营销策划组织，也称为营销策划小组，它将策划活动所需的各类人员整合在一起，在充分发挥策划主创人智慧的基础上形成团结合作的组织体系。这种组织机构依策划主题而设，具有临时性特点，当营销策划项目任务完成，策划小组便可以宣告解散，其后续工作可由企业的常设部门负责实施和监控。

3. 选取优秀的营销策划人才

营销策划活动的成功与出彩，不仅取决于理念和创意，也和高效的组织管理密切相关。然而，无论是理念、创意还是管理，都是由策划人才去执行的。当今社会是依赖人才竞争的社会。离开高素质的策划人才，营销策划活动就无法顺利开展。

营销策划人员不仅需要具备各种理论素质，还需要具备各种技能素质。对于企业而言，如何选取企业组织所需要的各类策划人员呢？首先，企业的领导者要了解一个完备的营销策划组织的人员构成，从而确定组织对策划人员的具体需求。其次，要根据组织对策划人员的具体要求进行甄选。在甄选过程中，应持"最优秀的并不一定是最合适的，最合适的才是最好的"的科学用人观。

拓展阅读

营销策划常用的理论和方法

一些常用的理论和方法，一直以来对实际的营销策划方法和理念有着深刻的影响，现归纳如下。

1. 二八法则

意大利经济学家帕累托提出：80%的收入来源于20%的客户，80%的财富掌握在20%的人手中，公司里80%的业绩是由20%的员工完成的，20%的强势品牌占据着80%的市场……这就是著名的二八法则。二八法则要求管理者在工作中不能胡子眉毛一把抓，而是要抓关键人员、关键环节、关键用户、关键项目和关键岗位。二八法则之所以得到业界的推崇，就在于其所推介的"有所为，不所不为"的经营方略。

2. USP 理论

USP 理论由罗瑟·瑞夫斯（Rosser Reeves）提出，该理论要求向消费者说出一个"独特的销售主张"（Unique Selling Proposition）。USP 理论包括三个方面的内容，一是每个广告不仅要有文字或图像，还要对消费者提出一个建议，即其购买某一产品将得到明确的利益；二是这一建议一定是该品牌独具的，而且是其他竞争品牌不能提出或不曾提出的；三是这一建议必须具有足够的吸引力和感染力，能够招徕新顾客。

3. SWOT 分析

SWOT 分析又称态势分析。它是由美国旧金山大学的管理学教授海茵茨·韦里克（Heinz Weihrich）于 20 世纪 80 年代初提出来的，是一种能够客观而准确地分析和研究企业现实环境因素的方法。SWOT 的四个英文字母分别代表优势（Strengths）、劣势（Weaknesses）、机会（Opportunities）和威胁（Threats）。

4. 5W2H 法

5W2H 法包含从战略到策略直至战术的完整运作系统，再加上成本预算，从而形成一个完整的营销策划方案。

5. 马太效应

美国科学史研究者罗伯特·莫顿（Robert K. Merton）认为，任何个体、群体或地区，一旦在某一方面获得成功和进步，就会产生一种积累优势，从而会有更多的机会，取得更大的成功和进步，这就是马太效应。这一术语后为经济学界所借用，反映贫者越贫、富者越富，强者恒强、弱者恒弱的现象。

6. 马斯洛需求层次理论

美国心理学家马斯洛（Abraham H. Maslow）提出的需求层次理论，认为人的需求由低到高分为生理需求、安全需求、社交需求、尊重需求、求知需求、审美需求、自我实现需求。

7. 蓝海战略

蓝海理论来自韩国 W. 钱·金和美国勒妮·莫博涅合著的《蓝海战略》一书。其实质是企业超越传统产业竞争，开创全新市场的企业战略。如今，这个经济理念得到了全球工商企业界的关注。

8. 羊群效应

羊群效应是企业市场行为中的一种常见现象。如果一个羊群（集体）是一个很散乱的组织，若一只羊发现了一片肥沃的草地，并在那里吃到了新鲜的青草，后来的羊就会一哄而上，争抢那里的青草，全然不顾旁边虎视眈眈的狼，或者看不到其他更好的青草。

9. 木桶理论

木桶理论的核心内容为：一只木桶的盛水量并不取决于桶壁上最高的那块木板，而恰恰取决于桶壁上最短的那块。从该理论我们可以得到许多启发，比如企业团队精神建设的重要性。

实训操作单

实训操作单如表 4-2 所示。

表 4-2 实训操作单

小组名称：		小组成员：			
任务名称	认识策划				
任务背景	华信公司是一家具有一定规模的专门从事鞋类生产销售的企业，公司历来重视产品研发，制造工艺比较稳定且有创意，其 K 品牌运动鞋由于质量上乘且造型富有时尚感，在地方市场上取得了比较不错的业绩。目前，华信公司准备在全国范围内推广其 K 品牌的运动鞋，然而经过市场的初步调查，华信公司发现要将其 K 品牌运动鞋推向全国市场，面临着重重困难。				
任务实施	撰写营销策划书，以使华信公司的 K 品牌运动鞋能够成功地推向全国市场。				
实训分工					
学生实训综合评估	教师评分	评价标准	分值/分	得分	备注
		对营销环境分析全面	25		
		对产品 STP 分析准确	25		
		能提出合理的营销策划	30		
		策划书格式规范	20		
	生生互评评语				
	自我修正				

学生作业粘贴处

项目二　营销策划的创意

 实训任务说明

1. 实训目标

通过实训项目,使学生认识到创意的重要性,明确创意在营销策划过程中的角色;训练学生的创新能力和创意思维,让学生在实训中感受到创意的重要性和创意给营销策划带来的关键优势。

2. 能力要求

※**理论要求**

(1) 了解创意的内涵和来源。

(2) 了解创意对策划的作用。

(3) 掌握创意思维的技法。

※**技能要求**

(1) 能运用一定的技法,训练自己的创意思维。

(2) 能提出创造性解决问题的方法。

(3) 在营销策划过程中,能使用创意技巧。

(4) 具备较强的系统化思维和文字表达能力。

※**思政要求**

遵守职业道德,在营销策划过程中不弄虚作假。

3. 实训任务流程

(1) 授课教师讲解创意的相关理论知识。

(2) 在授课过程中,教师给出议题,学生分小组进行"头脑风暴"讨论。

(3) 教师按照实训操作单,给出详细的工作任务背景,学生分小组讨论,并制作PPT。

(4) 学生通过PPT进行汇报,学生和教师对方案进行点评和打分,最后教师汇总各小组成绩。

相关知识

一、认识营销策划的创意

创意是神奇的,创意也是营销策划活动必不可少的灵魂。然而,究竟什么是创意?创意对策划有什么作用?创意来源于哪里?这些都是我们需要弄清的问题。

(一)创意的概念

所谓创意,首先就是有一个别出心裁的好主意或者是高明的点子。这也正是"有没有好的创意"这句话中"创意"所要表达的意思。但是,如果把创意仅仅如此理解,那么就还没有准确把握创意的真谛。

一个好的创意包含着众多新奇的想法、好的点子或主意,但这些想法、点子或主意还不是真正意义上的创意,它们只是创造性思维的成果。真正意义上的创意,应当是一种创造新事物、新形象的思维方式和行为,应当是一个进行创造性思维的过程。创造性思维是创意的核心。通俗地讲,创意的过程也就是想出好点子的过程。

全面、准确地把握创意的内涵和实质是十分重要的。如果理解不全面或不到位,那么创意活动必将是盲目的或不科学的。只有将创意看作进行创造性的全面思维而不是一个静止的已有的思维成果,创意中"创"的作用才能真正得到发挥,才可能有更多新奇的想法、好的点子或主意被创造出来。

(二)创意的来源

创意是创造性思维的过程,常常会给我们的工作带来神奇的效果,因此,创意也常常被看作非常神秘的东西。但是,经过仔细观察,你会发现,创意并不像想象的那样难以捉摸,它一点也不神秘,它就源于我们身边。

1. 创意源于生活

我们的日常生活,是创意最主要的来源。生活是丰富多彩的,它能为创意提供大量有价值的素材,而且能引发我们创意的灵感,很多优秀的创意都是源于人们对生活的深入细致观察。另外,创意的产生也是为了满足实际需要。只有贴近生活,人们才能更好地接受这些新奇的想法或点子,创意才更容易取得成功。

2. 创意源于幻想

创意的产生,在很大程度上也源于人们的幻想。想象力是人类特有的一种思维能力。想象力的发挥,能使人们突破各种思维定式以及条件、环境的阻碍,使人们的创造性思维得到最大限度的发挥。很多看似不可能的事情,正是由于大胆合理的想象,才成为现实。如人类正是有像鸟儿一样在天空自由飞翔的想法,才有了后来飞机的发明。所以,要想获得好的创意,充分发挥想象力是必需的。

3. 创意源于兴趣

兴趣对于创意的形成也有重要影响,兴趣也是创意的一个重要来源。只有对某个问题产生了兴趣,思维才能够兴奋和活跃,想象力和创造力才能得到充分发挥。假如对某个事物毫无兴趣，那又如何会想不断认识它、研究它呢？既然不去深究它，创意灵感又将从何而来呢？

4. 创意源于积累

俗话说"机遇只垂青于有准备的人"，创意也是如此。平常没有对知识、经验的广泛积累，想要产生好的创意是不可能的。灵感的获得也许只是一瞬间的事，然而在灵感到来之前却需要有大量的思考和准备。正如树上掉落的苹果砸到牛顿，他发现了万有引力定律，而有过相似被砸经历的其他人，他们又发现了什么呢？可见，面对同样的事情和突发事件，有准备与无准备之间的差距很大。

5. 创意源于"看"的方法

事物之间的关系是相当复杂的，从不同的角度来思考，得出的结论可能会有很大不同。我们在创意的过程中，当一种思路进行不下去、无法产生创造性的想法时，换个角度，换种思考的方法，或许很快就能发现"另一片天空"。由此看来，创意的产生也是源于我们对事物的不同"看法"。

（三）创意对策划的作用

对于营销策划来讲，创意既关键，又重要。任何策划都是要和创意紧密联系的，离开了创意，没有了令人惊奇的好点子，策划就不再是策划了，而只能算计划。从某种意义上说，创意是策划的灵魂。

1. 创意为策划提供点子与方案

创意对策划的作用，首先体现在能为策划活动提供众多新奇的点子、构想与方案上。我们知道，创意的过程就是创造性思维发挥与运用的过程。通过创造性思维，一些新奇的想法、点子或方案出现，而这些都是策划工作所需要的。

对于策划活动而言，创意之所以是重要的，最主要的原因在于创意能为策划工作提供一系列解决问题的方案和措施，而这也正是营销策划创意的本质所在。

2. 创意使策划活动更具独特性与创新性

创意对于策划活动的另一个作用就是能使策划活动更具独特性与创新性。创意的过程，是创造的过程、创新的过程，各种新奇的想法、主意、点子能为策划活动带来"活力"，使策划方案更加新颖、独特。

总之，策划活动是不能没有创意的。离开了创意的策划，只能是缺乏个性、生硬的拼凑或无趣的模仿；只有那些蕴含了创意的策划，才富有鲜活个性和持久影响力，才是真正意义上的策划。

二、创意思维的技法

创意是一种进行创造性思维的活动，思维的方法对于创意的产生有着巨大影响。因此，掌握不同的思维技法对于有效提高创意水平和创意效果是很有帮助的。本部分我们将对创意过程中常用的几种思维技法进行介绍。

（一）灵感思维法

对于"灵感"一词，我们并不陌生，灵感是一种说不清道不明，但又确确实实存在的东西。它既可能是我们长久思考的结果，也可能是我们受某种启示而出现的顿悟。总之，它的形成与产生是没有固定模式的。

对于策划活动来说，灵感思维就是在策划活动中思维处于最活跃状态时的"思想火花"。这些"思想火花"对于创意活动是极为重要的，正是有了它们才有了优秀创意的产生。因此运用灵感思维，激发更多"思想火花"是我们在进行创意时要努力的。这就需要我们一方面要了解和把握住灵感思维的特点，另一方面也要掌握运用灵感思维时需注意的几个基本技巧。

（1）勤思考，多问"为什么"。问题与思考是最能激发灵感思维的东西。如果脑中无问题，就无法去思考、去研究；不思考、不研究，灵感又将从何而来呢？因此，遇事多问"为什么"，对于灵感思维的发挥是很有效的。

（2）抓住瞬间"思维的火花"。灵感的出现也许就在不经意的一瞬间，因此以最快的速度将它记录下来，是极为关键的。为了迎接灵感的"不期而至"，随时记下自己的灵感火花是个不错的主意。

（3）暂时将问题搁置。我们的思路有时可能会突然中断，此时将问题暂时搁置是比较明智的处理方法。暂时将问题搁置，一方面能使我们的大脑通过休息恢复效率；另一方面也有利于我们进行思维角度与方法的调整，避免"钻牛角尖"的现象发生。

（4）尽量保持放松的状态。身心放松是产生灵感的有利时机，因此，在灵感思维的过程中，应尽可能保持放松的状态。

（二）群体思维法

群体思维法是一种集思广益的创意方法，它最大的优势就在于能够利用集体智慧，来弥补个人思维与能力上的不足。因此，利用这种方法来进行创意，更容易获得好的创意灵感和创意思路。

群体思维法的具体方法有多种，但最常见、最具代表性的是"脑力激荡法"，也即"头脑风暴法"。所谓头脑风暴法，就是通过组织特殊的小型会议，使参与者无所顾忌地发表各自的看法，彼此激励，相互启发，以产生众多创造性设想的一种群体思维的方法。

头脑风暴法在具体实施中一般要注意以下几点。

（1）参与讨论人数应控制在6~10人，这样既能保证每个人都有充分发言的机会，也能使集体思考保持较高的效率。

（2）在讨论开始前，主持人不明确告知此次讨论的最终目的，而只是把需要讨论的问题交代清楚。

（3）讨论开始后，鼓励每一个参与者积极发言，阐述各自对问题的看法。

（4）对每个人的发言做好记录，点子越多越好，可暂时不考虑发言质量。

（5）整个讨论过程中，不允许对别人的意见进行反驳，也不允许过早得出结论。

★课堂练习

头脑风暴小讨论。请将讨论成果写在方框内。

┌───┐
│   │
│   │
│   │
│   │
│   │
│   │
│   │
└───┘

（三）侧向思维法

所谓侧向思维法，就是利用一些与问题无正面联系的信息来寻找解决问题的途径的思维方法。在创意过程中，侧向思维的灵活运用是非常重要的，因为在很多情况下，我们直接从正面的角度去思考问题是得不到满意答案的，这时采取"迂回"的策略，从问题的侧面进行思考却往往能收到好的效果。

侧向思维法体现的是一种不按套路"出牌"的非常规思想。它既是出于对问题整体性的把握与策略性的思考，也是对常规思维的一种突破。由于能够出其不意，采用该方法进行创意和构思往往能取得较好的效果。

（四）逆向思维法

逆向思维法，就是从正常思考路径的反面去寻求解决问题的途径的一种思维方法。逆向思维法也是一种反常规的思维方法，该方法最大的特点就在于思维行进的方向是逆向的。

对于策划的创意活动来说，逆向思维法的最大作用就在于它可以激发创新思维。这是因为，"思维倒转"不仅改变了人们思考问题的固定方式，而且还为人们看问题、想问题提供了一个全新的角度，从而使许多看似不可能的问题得以解决。其实，很多优秀的创意和创新的想法就是在这种"思维倒转"的过程中产生的。

三、创意思维的培养与开发

策划创意活动是一种高智能的脑力活动，对创意者的素质与能力有较高的要求。要想适应创意活动的要求，策划人员就必须有意识地培养和提高自己的创意能力与水平。

（一）创意必需的素质与能力

1. 乐于接受新观念

乐于接受新观念是进行创意活动必须具备的最基本素质与心态。创意活动本身就是一项创新的、创造性的活动，只有不断地从新思想、新观念中汲取"营养"，才可能有创造性的思维产生。如果故步自封、因循守旧，那只能使创意者的思想逐渐僵化，从而影响创意活动的顺利开展。

2. 极强的好奇心

极强的好奇心是优秀创意者的又一显著特征。有了好奇心，才能产生兴趣；有了兴趣，才能进行研究。正是好奇心的驱使，才使创意者不断探索问题、发现问题，而这对于创意活动来说极为重要。

3. 敏锐的观察力

如果我们把生活比作蕴含创意素材的巨大宝库的话，那么敏锐的观察力就是打开这座宝库的钥匙。很多优秀创意的产生是创意者细心观察的结果。要想在创意过程中有效发掘好的创意，创意者就必须有"见一叶而知秋"的敏锐观察能力。

4. 丰富的想象力

丰富的想象力能拓宽创意的思路。同时，也正是想象力的发挥，才使得创意者能够把创意方案变得新奇和富有魅力。许多看似不可能的事情变成了现实，许多看似没有联系的事物产生了联系，都是创意者大胆合理想象的结果。

5. 过人的毅力

做任何事情，如果没有过人的毅力，想要取得成功是不可能的，进行创意活动也是这样。即使是非常优秀的创意成果，它的开发与形成过程也不可能是一帆风顺、一蹴而就的。如果创意者不能坚持，不能在挫折与失败中成长，那么想要成功简直是太难了。尤其是当策划创意与方案被暂时搁置或否定时，如果没有过人的毅力和坚持不懈的精神，想要取得最后的成功显然是不可能的。

6. 冒险精神

冒险精神也是创意人员必须具备的基本素质和能力之一。创意活动是一种创造性的活动，是没有现成的答案可供选择和参考的，这就需要创意者自己去尝试，去探索，去发现。如果没有敢于冒险、敢于开拓的精神与魄力，那么即使机会摆在面前，创意者也可能让它白白溜掉。

7. 较强的表达能力

表达能力对于创意人员来说也是极为重要的。创意再好，方案再新颖独特，如果不能通过恰当有效的方式将它表现出来，那么也是不能取得好的创意效果的。这就要求创意人员不仅要具备良好的思维表达能力，同时也要对各种表达方法与表达技巧进行有效学习、能够灵活运用。

（二）创意思维的培养

1. 培养敏锐的观察力

现实生活是创意的最终来源，因此，创意者要想使自己的思维素质与水平得到提高，首先必须从日常生活中的点滴做起，学会善于观察、体验和深入生活。要深入观察和体验生活，创意者可以通过"五看法"来实现，即一看卖场、二看广告、三看标识、四看包装、五看标签。在对卖场、广告、标识、包装、标签等进行细致的观察和分析之后，创意者才能较为全面、有效地了解市场信息和把握市场走势，在此基础上构建出来的创意方案也才更加贴近消费者的实际需求，满足消费者的欲望。

2. 培养广泛的兴趣

培养广泛的兴趣，对于创意者思维素质与能力的提高也是有很大帮助的。首先，广泛的兴趣能使创意者获得更多的社会实践与生活体验。在这些体验与实践的过程中，创意者的思想会变得更加成熟，考虑问题也会更加全面。其次，兴趣对于创造性思维的形成与拓展也有重要影响。因为有了兴趣，人们才会对问题进行关注，才会进行思考、探索与发现，这些正是人类创造性思维产生的过程。

3. 增加知识储备

知识的储备与积累，对于创意人员理性思维的形成与发展极为重要。在策划创意过程中，逻辑判断与推理是创意人员最常用的思维方法。而如果没有一定的理论知识做基础，那么对于一些较为复杂的问题，想要做出合乎理性与逻辑的判断是不可能的。因此，在日常生活中，创意人员需要加强对知识的涉猎与积累，不仅要学习与策划、创意相关的知识，而且要对其他领域的知识有所了解，如图4-2所示。

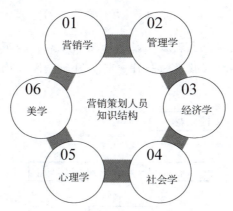

图4-2 营销策划人员知识结构图

4. 意志力与品格的磨炼

意志力与品格的磨炼，对于任何从业人员而言都是非常重要的，对于营销策划人员，尤为重要。面对问题时，创意人员只有勤于思考、善于钻研、敏于质疑，他们的创造性思维才能不断得到开发，才能不断得到完善；在面对困难和挫折时，创意人员只有勇于探索、不畏挫折与失败，他们的思想才能不断得到磨炼，才能变得更加成熟。因此，创意人员在对自己的创意思维进行培养的过程中，必须注意加强个人在意志力与品格等方面的磨炼。

 拓展阅读

"水平营销"与创造力的逻辑

"水平营销"是一种横向思考创意方法，是在菲利普·科特勒与费尔南多·德·巴斯合著的《水平营销》一书中提出的一种营销理论。"水平营销"基于崭新的、富有创造力的角度考虑产品的某个侧面，从而催生原创性的理念。

下面，我们通过《水平营销》关于创造力的逻辑的阐释，来认识和了解创造力是如何产生的。

创造性思维遵循三个简单的步骤，即先选择一个焦点，然后进行横向置换以产生刺激，最后建立联结，如图4-3所示。

图4-3　创造性思维的步骤

第一步，选择一个焦点。焦点就是我们想要关注的东西，它可以是一个亟待解决的问题，一个要达到的目标，或一个简单的物体。

例如，我们可以把"花"看作一个焦点，如图4-4所示。

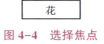

图4-4　选择焦点

第二步，进行横向置换以产生刺激。在选择焦点之后，接下来是进行横向置换。所谓横向置换，其实就是对逻辑思维顺序的一种中断。例如，将"花凋谢"横向置换为"花永不凋谢"，如图4-5所示。

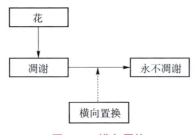

图4-5　横向置换

对焦点进行横向置换通常会产生一个联结中断，即一个空白。例如，在图4-6中，"花"与"永不凋谢"之间就出现了空白。这个空白看起来似乎是一个问题，实际上就是创造力的来源。

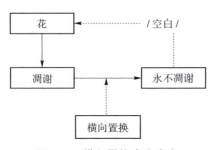

图4-6　横向置换产生空白

第三步，建立联结，消除空白。由于大脑是个自组织系统，要求建立不中断的联结，因此当空白出现时，思维便会进行必要的跳跃，直到建立一个合理的联结。

当然，要建立这种联结，有时我们将不得不有所改变。例如，要使"花"与"永不凋谢"建立联结，我们可以考虑"花"在什么情况下"永不凋谢"。如花是用纸或塑料做的，它就不会凋谢。这样我们就找到了一个新概念：假花。此时，联结建立起来了，空白也就消失了，如图4-7所示。

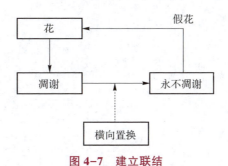

图 4-7　建立联结

以上就是对创造力逻辑的阐释。由此我们不难发现，所谓创新，其实就是联结两种大体上没有任何明显或直接关系的想法后的产物。

（资料来源：菲利普·科特勒，费尔南多·德·巴斯. 水平营销［M］. 陈燕如，译. 北京：中信出版社，2005.）

 **实训操作单**

实训操作单如表 4-3 所示。

表 4-3 实训操作单

小组名称：		小组成员：		
任务名称	创意灵感从哪里来？			
任务背景	发现生活中的那些"痛点"，并提出具有创意的解决方法。日常生活中，我们常常会遇到一些"麻烦事"，这些事情有些是因为缺乏相应的产品支撑，有些是因为设计不够完美，有些是因为没有创意。请根据你在日常生活中发现的"痛点"，提出具有创意的解决方法。			
任务实施	以小组为单位，制作 PPT，并进行汇报。			
实训分工				
学生实训综合评估	教师评分	评价标准	分值/分	得分	备注
		对痛点分析全面	25		
		提出创意性方法	25		
		PPT 制作精美	30		
		汇报人员表达能力较强	20		
	生生互评评语				
	自我修正				

学生作业粘贴处

项目三　房地产行业营销策划

实训任务说明

1. 实训目标

通过实训项目，使学生了解房地产营销策划的内涵及流程；学生通过前期的合作交流，进一步加深小组成员之间的了解，通过合作完成实训任务，提交一份完善的房地产营销策划书。

2. 能力要求

※理论要求

（1）了解房地产营销策划的概念。

（2）了解房地产营销策划的程度。

（3）了解房地产市场调查与一般耐用品市场调查的区别。

（4）掌握房地产促销策划的主要内容。

※技能要求

（1）具有收集、整理和分析资料的能力。

（2）通过踩盘，获取想了解的楼盘信息。

（3）具有对房地产实际项目进行营销策划的能力。

※思政要求

（1）熟悉房地产行业相关法律法规。

（2）遵守职业道德，在房地产营销策划过程中不弄虚作假。

3. 实训任务流程

（1）授课教师讲解房地产营销策划的相关理论知识。

（2）教师给出房地产行业术语，学生通过收集网络资料或查阅相关书籍等方式，掌握行业术语内容。

（3）授课教师给出工作任务背景，学生进行房地产营销策划活动设计。

（4）学生进行营销策划活动展示，学生和教师对方案进行点评和打分，汇总各小组成绩。

 **相关知识**

一、房地产营销策划概述

(一) 房地产营销的概念

房地产营销是生产力发展和商品经济发达的必然产物，强有力的房地产营销活动不仅可以促进地区的经济繁荣，还有助于将计划中的房地产开发建设方案变成现实。房地产营销是市场营销的一个重要分支，是使房地产产品进入市场并转换为现金的经营活动，既是沟通和连接房地产开发、房地产流通以及房地产消费和使用的重要手段，又是连接房屋产品开发者、生产者和消费者的关键纽带。

房地产营销是指房地产开发经营企业进行的创造性的适应房地产市场动态变化的活动，以及将综合形成的房地产产品、服务等从房地产开发经营者流向房地产购买者的社会过程，即通过市场调研，从市场的实际需求出发，以提供给市场适当数量、质量的房地产产品，并通过适当的渠道和促销手段使其在符合供方、需方和社会利益的情况下，顺利到达适当的顾客手中的整个动态过程。

从上述概念可以看出，房地产营销蕴含着以下四层含义。

1. 房地产营销是以顾客需要为导向的营销

企业开展市场营销活动的目的，就是通过开展市场调研，了解和满足顾客的需要，从而实现企业经营目标。房地产营销同样不例外。

2. 房地产营销是一个具有系统管理过程的营销

房地产营销通过进行整体营销，在企业外部将产品策略、定价策略、销售策略、促销策略四大要素在时间与空间上协调一致，实现最佳的营销组合，以达到综合最优的效果。并且，它不仅仅是房地产销售，还包括流通过程、售前活动和售后活动等。所以，房地产企业必须通过整体营销活动来满足顾客需要。

3. 房地产营销是兼顾社会各方利益的营销

房地产企业在进行营销决策时，必须兼顾消费者需要、企业利润和社会利益，这样才能赢得社会公众的认同，树立良好的企业形象。

4. 房地产营销是一种具有创造性的营销

房地产企业不仅要了解和满足顾客的需要，还要创造顾客需要。经营者不仅要能够积极满足消费者现实的需求，更要着眼于未来。只有对未来的市场需求有一个整体的把握，才能将消费者的潜在需求转化为现实需求。

 专业知识知多少?

请在如表4-4所示的房地产行业专用术语一览表中，填写相关房地产行业术语的主要内容。

表 4-4　房地产行业专业用术语一览表

序号	术语	含义	备注
1	容积率		
2	承重墙		
3	五证二书		
4	公　摊		
5	商品房		
6	商住房		
7	公　寓		
8	高　层		
9	多　层		
10	剪刀墙		
11	进　深		

（二）房地产营销策划的程序

1. 土地使用权的获得

房地产营销，是从土地使用权获取那一刻开始的。房地产企业需要先"拿地"，获得土地使用权后，才能进行后续的所有工作。开发商及策划人员首先在充分把握城市规划和当地房地产市场的基础上，研究哪个地块具有开发价值、如何获取该地块的使用权。

2. 房地产项目市场调查

目前，市场调查是开发商了解消费者心理以及竞争对手情况与楼盘信息的重要方法，主要内容包括市场环境调查分析、区域条件调查分析和同类产品竞争势态调查分析。在市场调查阶段，开发商及其策划人员要考虑采用何种调查方法获得有关信息和资料、如何设计调查问卷、如何和市场调查机构沟通等。

3. 消费者行为分析

这一步骤主要是对市场调查结果进行分析研究，对消费者心理行为模式进行探讨。

4. 房地产项目 STP 分析

通过市场调查，确定项目的市场定位，即项目主要销售给谁；同时，策划人员还要根据消费者的心理和行为，考虑导入怎么样的概念，并明确项目的形象定位、产品定位、价格定位等，以适应目标买家的爱好与习惯。

5. 房地产项目产品策划

房地产项目的产品策划即项目的规划设计，一般是由开发商委托给设计单位来完成的。在设计单位进行具体的规划设计之前，开发商及其策划人员要依据市场调查的结果和项目的市场定位，给设计人员提出具体的建议和指导。

规划设计完成后,开发商要选择承建商进行施工。这一步工作主要是由开发公司中的工程人员进行,不需要策划人员具体做什么。

当项目完工或即将完工时,策划人员就要考虑项目的销售问题。这一问题又可以分为价格策略、广告策略以及销售策略三项内容。

6. 房地产项目价格策略

房地产价格犹如一把双刃剑,价格策略的好坏,直接决定开发商楼盘的销售量。因此,制定合理的价格策略,是策划人员的重要工作之一。价格策略主要包括定价目标、基本定价方法、单元价格确定以及定价技巧等。

7. 房地产项目的广告策划

在经济迅速发展的时代,酒香也怕巷子深,策划人员为吸引大众的"眼球",必须精心策划,认真实施有效的广告策略。这其中包括广告目标、广告费用预算、广告媒体选择、广告频率、广告设计技巧以及广告效果评价等。

8. 房地产项目销售策划

在具体的销售过程中,开发商首先应考虑项目是自行销售还是委托代理,项目推向市场时以什么样的形象呈现给消费者。其次,售楼处如何装修、如何布置,楼书如何制作;楼盘正式开卖前,是否要做内部认购,以试探市场反应;楼盘销售中,如何营造卖场氛围;如果要自行销售,开发商还要考虑销售人员的培训问题。由于项目的销售要经历较长的时间,制订一个完整的销售计划是必不可少的。销售过程中,还有一些具体的问题,需要开发商以及策划人员认真考虑,例如,销售进度的控制与节奏安排,尾盘如何销售,用什么样的促销方式吸引购房者,在房地产项目销售过程中如何做好社会公关等。

9. 房地产项目物业管理前介

物业管理工作虽然属于楼盘销售之后的事,但是策划人员必须提前介入。这是因为,良好的售后服务是楼盘销售的有力保障。策划人员应本着以人为本的思想,制定完善的物业管理措施。

二、房地产市场调查

房地产项目策划要正确的决策,就必须分析房地产市场,研究它的动因、态度,市场参与者的相互作用,物业特征和影响房地产价值的外部因素等,因此必须进行房地产市场调查。

(一) 房地产市场调查概述

1. 房地产市场调查的含义

房地产市场调查就是以房地产为特定的对象,对相关的市场信息进行系统的收集、整理、记录和分析,进而对房地产市场进行研究和预测。由于土地和房屋位置的固定性,房地产市场调查有很深的地域特征。对房地产市场的调查,也习惯依据地域形态,由单个楼盘到区域市场,再由区域市场到宏观环境,然后由宏观环境回到单个楼盘、区域市场。不断地循环往复、融会贯通,才能真正把握市场的脉搏。

实际上,房地产市场调查的目的是更好地了解和抓住市场,明确项目成败的原因或减少决策中的不确定性。针对这些目的而进行的市场调查,对决策者有明显的价值,这个价值既包括土地的环境价格，也包括项目的开发价值；既注重项目的延伸价值，又强调项目的机会价值。

2. 房地产市场调查与一般耐用品市场调查的区别

房地产市场调查不同于一般耐用品的市场调查，它是以房地产为对象，对相关市场信息进行系统的收集、整理、记录和分析，对房地产市场进行研究与预测，并最终为营销决策服务的专业方法。房地产市场调查有较高的难度。房地产市场调查与一般耐用品市场调查的不同之处主要表现在房地产市场调查具有多样性和复杂性，贯穿整个房地产营销过程，每个阶段具有有限性，对访问者的甄别难度高，如收入水平的识别、计划置业面积的识别、计划置业年限的识别、购买决策人识别，还有访问者的配合等。房地产市场调查主体侧重对房地产市场产品的调查，如项目基地情况、交通信息和基础信息，一般耐用品的市场调查主体则侧重于消费品。

（二）房地产市场调查的内容

房地产业是一个综合性非常强的行业，所以房地产市场调查也是一个综合分析的过程。一般来说，按照调查对象的不同，房地产市场调查内容可以划分为以下几个方面。

1. 市场环境调查

（1）宏观环境调查。房地产市场调查最重要的任务，就是弄清楚企业当前所处的宏观环境，为最终决策提供宏观依据。它主要包括经济环境调查、政治环境调查、人口环境调查、科技环境调查、社会文化调查和城市发展现状调查等。

（2）微观环境调查。微观环境调查又称项目开发条件分析，出发点在于分析项目的开发条件及发展状况，对项目自身价值提升的可能性与途径进行分析，同时为以后的市场定位做准备。它具体包括对项目的用地现状及开发条件进行分析，对项目所在地的周边环境进行分析，对项目的对外联系程度、交通状况等进行分析。

2. 消费者调查

市场调查的目的是满足目标消费者的需要和欲望，而了解消费者并不容易，所以需要对消费者进行深入的调查。消费者调查大体上包括以下几个方面。

（1）消费者的购买力水平。它直接决定了消费者的购房承受能力，而它的主要衡量指标是家庭年收入。

（2）消费者的购买倾向。消费者的购买倾向主要包括品牌、偏好、价格、物业管理、环境景观、容积率等。

（3）消费者的共同特性。消费者的共同特性主要包括消费者的年龄、家庭结构、文化程度、职业等。

3. 竞争楼盘调查

开发项目周边的竞争楼盘及当地甚至全国范围内可参考的市场状况，是所有房地产调查报告都会涉及的调查项目。竞争楼盘调查通常由市场调查人员通过现场踩盘后填先预先设计好的调查表格，并分析所调查楼盘的特点、优劣势及本楼盘可借鉴或注意的地方，通常包括以下六个方面的内容：了解楼盘的开发商，分析楼盘的地理位置，分析楼盘的产品，分析楼盘的价格组合，分析楼盘的广告策略和业务组织，了解楼盘的销售情况。

三、房地产促销策划

（一）房地产促销概述

促销是促进销售的简称，它既是一种手段，也是一门艺术。房地产促销是指房地产开发商为了帮助消费者认识该房地产的性能、特征及潜在好处，借助宣传、推广等方式，将房地产的信息传递给消费者，进而激发其购买愿望，直至实现其购买行为的一种手段。

（二）房地产促销的方式

1. 广告

广告作为房地产企业直接向消费者传递信息的最主要促销方式，是企业通过付款的方式利用各种传播媒体进行信息传递，以刺激消费者产生需求，扩大房地产销售量的促销活动。

房地产广告的突出特点是广告期短、频率高、费用大。其诉求主要有地段优势、产品优势、价格优势、交通优势、学区优势、社区生活质量、开发公司的社会声誉等。

2. 人员推销

人员推销是最古老的促销方式，也是四种促销方式中唯一直接依靠人员的促销方式。它是房地产企业的推销人员通过与消费者进行接触和洽谈，向消费者宣传介绍房地产商品，进而达到促进房地产销售的活动。

3. 销售推广

销售推广是指房地产企业通过各种营业方式来刺激消费者购买房地产的促销活动。销售推广是直接针对房地产商品本身采取的促销活动。

4. 公共关系

公共关系是房地产企业在市场营销活动中正确处理企业与社会公众的关系，树立企业良好形象，从而促进销售的一种活动。根据公关活动的不同内容，房地产公关促销活动可以分为以下几种。

（1）媒体事件策划。发现或创造对房地产企业或房地产本身有利的新闻，是房地产企业公关人员的一项重要任务。一条有影响力的新闻，对增加房地产的销售量、树立企业形象具有不可估量的作用。

（2）举办专题活动。房地产企业经常举办一些专题活动，以强化与各有关公众之间的信息交流与情感联络。

（3）参与各种公益活动。公益活动为房地产企业开展公关促销创造了机会，房地产企业也往往利用这类机会，引起各有关媒体和社会大众的关注，树立良好的企业形象。

（4）企业形象识别系统建设。企业形象识别系统（Corporate Identity System，CIS）将企业的理念、管理特色、价值观等，用整合传播的方式，特别是视觉艺术，传达给社会公众，以塑造良好的企业形象，赢得社会大众和消费者的信赖与认可。

工作任务四　营销策划——制胜法宝

拓展阅读

关于户型看图软件——CAD的介绍

计算机辅助设计（Computer Aided Design，CAD）指利用计算机及其图形设备帮助设计人员进行设计工作。在设计中通常要用计算机对不同方案进行大量计算、分析和比较，以决定最优方案；各种设计信息，不论是数字的、文字的或图形的，都能存放在计算机的内存或外存里，并能快速检索；设计人员通常用草图开始设计，将草图变为工作图的工作可以交由计算机完成，借由计算机自动产生的设计结果，快速绘制出图形，继而对设计进行判断和修改；利用计算机可以进行图形的编辑、放大、缩小、平移、复制和旋转等数据加工工作。

思维导图

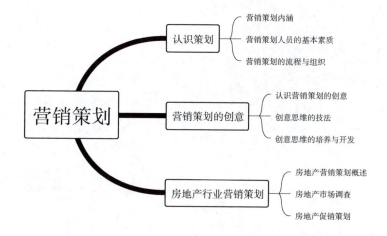

工作任务四　营销策划——制胜法宝

 **实训操作单**

实训操作单如表 4-5 所示。

表 4-5　实训操作单

小组名称：		小组成员：			
任务名称		房地产行业营销策划			
任务背景		山语罗兰项目是山东华信天地置业发展有限公司重点打造的英伦风情别墅，项目位于北京路与临沂路两条南北主干道中间，区域发展优势明显，向东与海距离适中，既能享受到优越的自然景观，又避免了潮湿，属于日照绝佳的风水宝地。 　　项目小区占地面积约 5 万平方米，建筑面积约 10 万平方米，共 324 户，由 18 栋叠拼别墅、3 栋花园洋房、1 栋会所组成。社区采用的英伦风格全部使用尖顶和外墙砖的设计配合，形成原汁原味的欧洲建筑风格，社区的园林全部使用五层立体化园林景观加水系，由最底层的草坪到花卉、乔木、灌木等不同的层次搭配，达到建筑与园林的完美统一。 　　请根据上述项目背景，以小组为单位，成立房地产策划公司，对此项目进行策划。			
任务实施		撰写山语罗兰营销策划书，策划书应对项目背景、竞争项目、消费者情况等进行前期调研，并在此基础上，对项目进行 STP 营销，并制定合理的 4P 策略。			
实训分工					
学生实训综合评估	教师评分	评价标准	分值/分	得分	备注
		对内外部环境分析全面	20		
		STP 营销符合项目特色	20		
		能提出合理的 4P 营销建议	30		
		营销策划书格式规范	20		
		汇报人员表达清晰，内容明确，有创意	10		
	生生互评评语				
	自我修正				

学生作业粘贴处

工作任务书　行业营销策划

本工作任务主要讲了三部分的内容：认识策划、营销策划的创意和房地产营销策划。通过项目理论知识的学习和实训技能的操作，学生已经掌握了基本的营销策划要点和相关行业的营销策划内容，此后须完成下列工作任务，并形成书面报告。

华信集团在区域内开发的房地产项目——山语罗兰，获得了巨大的成功，收获了良好的业界口碑，并成为消费者最喜爱的房地产企业。在巨大的市场潜力背景下，华信集团拟开发新项目，请你在调研区域行业发展现状的基础上，确定新项目选址，并策划房地产项目的建筑风格，制作营销策划书。

工作任务五

销售产品——获得利润

项目一 推销接近

 实训任务说明

1. 实训目标

通过实训项目,使学生了解寻找顾客的基本原则,掌握寻找顾客的方法与策略;训练学生寻找潜在顾客与确定目标顾客的能力。在此基础上,学会制订拜访计划,让学生在实训中感受到积极主动在销售活动中的作用。

2. 能力要求

※**理论要求**

(1) 了解 MAN 法则。

(2) 掌握寻找顾客的程序和方法。

(3) 掌握接近顾客的方法。

※**技能要求**

(1) 能够寻找潜在顾客,并填写顾客资料卡。

(2) 能够拟订拜访计划。

※**思政要求**

熟悉《中华人民共和国消费者权益保护法》,在推销过程中遵守相关法律法规。

3. 实训任务流程

(1) 授课教师讲解推销接近的相关理论知识。

(2) 授课教师给出工作任务背景,学生通过角色扮演、小组讨论等方法,模拟分析案例。

(3) 学生进行活动展示,学生和教师对方案进行点评和打分,教师汇总各小组成绩。

相关知识

一、寻找潜在顾客

潜在顾客是指既有购买所推销的商品或服务的欲望，又有支付能力的个人或组织。

（一）判断潜在顾客（MAN法则）

潜在顾客应至少具备以下三个条件：Money（金钱，即购买力）、Authority（权力，即购买决定权）、Need（需求），此即MAN法则。

（二）寻找顾客的程序及方法

1. 寻找顾客的程序

寻找顾客的工作即包括获知潜在购买者是谁，也包括对潜在购买者是否会购买进行分析和判断，从而对潜在购买者进行筛选。寻找顾客的过程如图5-1所示。

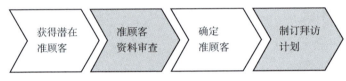

图5-1 寻找顾客的过程

2. 寻找顾客的方法

寻找顾客有很多方法，但其基本的思路是由近及远、先易后难。首先要在自己的熟人圈中发掘销售机会，其次请现有顾客介绍新顾客，最后在更广阔的范围内寻找，即从市场调查走访中寻找顾客。下面介绍几种寻找顾客的常用方法。

（1）熟人圈寻找法。这是一种从推销人员熟悉的人群中寻找顾客的方法。每个人的日常生活都不会在与世隔绝的状态下进行，人们由于先天的血缘关系和后天的经历认识了一大批人，很可能其中有些人在一定程度上就需要你的产品，推销人员的任务就是与这些熟识的人进行沟通，让他们了解自己的产品。

（2）顾客名册法。这是一种从本企业的顾客名册中寻找准顾客的方法，目的是寻求其再次购买的机会。推销人员可以从财务部门的历年往来账目中查找，也可从服务部门的维修、咨询记录中查找。

（3）推荐法

推荐法也叫介绍寻找法，是业务员通过他人的直接介绍或者提供的信息寻找顾客的方法。具体可以通过推销人员的熟人、朋友等社会关系，也可以通过企业的合作伙伴、顾客等的介绍，主要方式有电话介绍、口头介绍、信函介绍、名片介绍等。

（4）中心开花法。中心开花法也称明星介绍法，是指推销人员在某一特定的推销范围内发掘一批具有影响力和号召力的中心人物，并在这些中心人物的协助下，把该范围内的个人或组织都变成推销人员的准顾客。

（三）寻找潜在顾客需注意的问题

推销人员在经过寻找获得一定数量的潜在顾客之后，还需要对准顾客资格进行审核认定，看其是否具备顾客资格。

1. "三英尺①范围"规则

推销界流传着一句名言："凡是走进你周围三英尺范围的人，都是值得你与之谈论你的产品、服务以及生意的人。"这句话表明顾客就在你的周围，那些由于各种机缘走近你身边的陌生人，很有可能就是对你所推销的商品感兴趣的人。

2. 树立随时寻找的意识

推销人员要养成随时寻找潜在顾客的习惯，只要走出家门，就要时刻注意每一条寻找准顾客的线索。

3. 培养敏锐的观察力和正确的判断力

观察力和判断力是推销人员应掌握的基本技能之一，敏锐的观察力和正确的判断力是推销人员发现事物、辨别真伪、寻找顾客的有效途径。这就要求推销人员在平时多听、多看、勤动脑、善思考，这样才能不断发现机会、抓住机会。

4. 掌握"连锁反应原理"

推销人员要学会利用与现有顾客的良好关系，请他们宣传自己的产品和企业，树立本企业及产品的良好形象。请老顾客介绍新顾客，如此不断地发展下去，犹如化学的连锁反应，这就是"连锁反应原理"。

 销售游戏：寻找顾客

游戏目的：了解积极主动在销售活动中的作用。

游戏说明：学生以个人为单位进行销售游戏，学生在实训过程中向顾客（由学生和老师扮演）进行推销。教师给学生提供销售产品目录，学生只能向同一名顾客推销一种产品，若顾客愿意购买，则请顾客在如表 5-1 所示的销售游戏销售表中签名。最终签名最多的同学获胜。

表 5-1　销售游戏销售表

推销员姓名：		
产品/服务	目标顾客特征	顾客购买签名

---

① 1 英尺 = 0.304 8 米。

二、拜访顾客

(一) 接近准备

1. 顾客资料的准备

(1) 个体顾客资料准备。要提前了解个体顾客的姓名、年龄、职业、文化水平、家庭住址、兴趣爱好等。个体顾客档案卡参考范式如表 5-2 所示。

表 5-2　个体顾客档案卡参考范式

顾客姓名		性别		住址	
学历		年龄		性格特征	
职业		年均收入			
购买商品			购买日期		
付款方式					
备注					

(2) 组织顾客资料信息卡。组织顾客的最大特点是：购买执行人和购买决策人往往是分离的；购买商品的种类、数量、频次远远大于个体顾客。因此，推销人员要提前了解组织顾客的基本情况、生产经营情况等。组织顾客资料参考范式如表 5-3 所示。

表 5-3　组织顾客资料参考范式

组织名称		营业地址	
企业性质			
联系电话		经营规模	
日销金额			
订购商品			
交易日期			
付款方式			
收款日期			
营业状况			
信用等级			
备注			

目前，许多企业利用计算机的标准化通用软件来建立顾客资料库，实施顾客管理的自动化。

2. 推销辅助工具的准备

推销辅助工具如表 5-4 所示。

表 5-4　推销辅助工具

类别	内容	功用
视听工具	PPT、商品实物、产品目录、音像制品、图文资料	展示商品，吸引顾客注意力，使顾客直观感受商品
宣传工具	广告作品、产品价目表、检验报告、鉴定证书	加强推销说服效果
签约工具	票据、合同、印章	随时签约
其他工具	笔、计算器、身份证	方便签约

3. 心理准备

推销人员，尤其是推销新手在进行第一次推销时，会出现紧张情绪，致使推销失败，因此推销人员要做好心理准备，积极地进行自我暗示。

4. 形象准备

推销人员代表的是企业形象，因此应着装得体，保持自信、积极的形象。

销售游戏：树立良好的第一印象

游戏目的：帮助学生树立推销自信。

游戏说明：学生两人一组，分别扮演销售员与顾客。

模拟与顾客第一次见面时自我介绍、握手、递交名片、入座的全过程。完成后，两名学生互换角色。双方对彼此的表现进行点评，探讨如何给顾客留下良好的第一印象。

三、接近顾客

接近顾客可以根据具体的情形，采取不同的方式。但一般来说，常用的接近顾客方式有以下几种。

1. 问题接近法

问题接近法主要是通过销售人员直接面对顾客提出有关问题，通过提问的形式激发顾客的注意力和兴趣点，进而顺利过渡到正式洽谈。

2. 介绍接近法

介绍接近法是销售人员与顾客接近常采用的形式，具体有自我介绍、托人介绍和产品介绍三种。

3. 请教接近法

请教接近法是指推销人员利用慕名拜访顾客或向顾客请教问题的机会，接近顾客并转入推销洽谈的一种方法。请教的可以是经营方面的问题，也可以是人品修养、个人情趣等方面的问题，但无论如何，推销人员都应本着谦虚诚恳、多听少说、赞美在前请教在后、请教在前推销在后的宗旨。

4. 好奇接近法

好奇接近法主要是利用顾客的好奇心理来接近对方。好奇心是人们普遍存在的一种行为动机，顾客的许多购买决策受好奇心的驱使。

5. 利益接近法

销售人员着重把商品给顾客带来的利益放在第一位，首先把好处告诉顾客，把顾客购买商品能获得什么利益一五一十道出，从而激发顾客兴趣，增强顾客的购买信心。

6. 演示接近法

演示接近法是一种比较传统的推销接近方法。在利用演示接近法接近顾客的时候，为了更好地达成交易，推销员还要分析顾客的兴趣爱好、业务活动，扮演各种角色，想方设法接近顾客。

7. 馈赠接近法

馈赠接近法是指推销人员通过赠送礼品来引起顾客的注意，从而接近顾客并转入推销洽谈的一种方法。注意，送礼要正当合法，不能变相贿赂，不能送伪劣商品。

8. 赞美接近法

卡耐基在《人性的弱点》一书中指出："每个人的天性都是喜欢别人的赞美的。"赞美接近法是销售人员利用人们希望他人赞美自己的心理来接近顾客的方法，这一方法对于女性顾客尤其适用。

9. 震惊接近法

震惊接近法是指推销人员利用某一个值得认真考虑和令人感到震惊的事实来引起顾客注意，从而接近顾客并转入推销洽谈的一种方法。通常，这一事实十分令人震惊，但是非经特别提示，人们一般不会予以关注；有些事实人们虽然知道，却不知如何应付，经推销人员提起会引起共鸣，而进一步的解决方案恰恰有利于推销商品。

拓展阅读

接近新顾客的五大法则

第一，做头脑热身。在进入顾客的办公室前，运用视觉冥想法在头脑中先预演这次销售的过程。把产品的介绍过程从头到尾在头脑中预演一遍。之后，回忆最后一次或曾经最成功的销售过程和结果，增强自信心。运用自我暗示告诉自己："我是全世界最有影响力的推销员，我是最伟大的推销员。"

第二，确保顾客一直处于最佳的购物环境中。见到顾客时，同对方热情握手，开场白可以说："非常感谢您能够花时间和我见面，等一下我告诉您的消息，相信您会非常感兴趣，也会对您有所帮助。"记住：脸上永远挂着笑容。微笑可以使"得者获益，给者不损"。

第三，注意自己的外表、穿着。顾客首先会从穿着来判断一个人。

第四，采用适合的语调和声音。说话的语调和声音应该让顾客感到你充满自信。否则，顾客会认为你对产品也缺乏信心。

第五，适合的肢体语言。肢体语言影响顾客对你的印象，同时也表现出你的自信心是否足够。

实训操作单

实训操作单如表 5-5 所示。

表 5-5 实训操作单

小组名称：		小组成员：	
任务名称	拜访顾客		
任务背景	国际商学院准备组织迎新晚会，需要筹措一笔晚会经费。小张、小王、小李是学生会外联部成员，由他们负责说服商家赞助晚会。假设你是其中一人，请在制订拜访计划的基础上，做好拜访准备工作，并约见商家。		
任务实施	根据所制订的拜访计划，选择 1~2 位潜在商家，完成以下任务。 1. 制作商家档案。 2. 将推销工具列表。<table><tr><td>序号</td><td colspan="3">工具</td></tr><tr><td></td><td colspan="3"></td></tr><tr><td></td><td colspan="3"></td></tr><tr><td></td><td colspan="3"></td></tr><tr><td></td><td colspan="3"></td></tr></table> 3. 根据潜在商家的实际情况选择约见方式，并设计约见开场白。 约见方式： 开场白： 4. 模拟拜访商家。 在完成上述任务的基础上，各组内成员进行角色分工，然后进行拜访演练。老师对学生演练进行现场指导，各小组观摩其他组演练，并对自己的拜访过程进行修正。<table><tr><td>姓名</td><td>模拟角色</td><td>模拟优点</td><td>问题修正</td></tr><tr><td></td><td></td><td></td><td></td></tr><tr><td></td><td></td><td></td><td></td></tr><tr><td></td><td></td><td></td><td></td></tr><tr><td></td><td></td><td></td><td></td></tr></table>		

续表

小组名称：		小组成员：			
实训分工					
学生实训综合评估	教师评分	问题	分值/分	得分	备注
		档案制作详细	25		
		推销工具准备周全	15		
		开场白设计合理	25		
		推销拜访掌握关键技巧	25		
		积极参与课堂交流讨论	10		
	生生互评评语				
	自我修正				

工作任务五　销售产品——获得利润

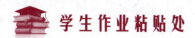

项目二　推销洽谈

实训任务说明

1. 实训目标

通过实训项目，使学生理解推销洽谈的内容，掌握推销洽谈的技巧，提高灵活运用推销洽谈的各种策略和方法。

2. 能力要求

※**理论要求**

（1）了解推销洽谈的含义。

（2）掌握推销洽谈的技巧。

※**技能要求**

在推销洽谈中，能够熟练运用各种技巧，灵活运用推销洽谈的各种策略和方法。

※**思政要求**

遵守职业道德，在推销过程中不弄虚作假。

3. 实训任务流程

（1）授课教师讲解推销洽谈的相关理论知识。

（2）在授课过程中，教师引导学生学习分析案例。

（3）教师按照实训操作单，给出详细工作任务背景，学生分小组讨论。

（4）学生通过PPT进行汇报，学生和教师对方案进行点评和打分，教师汇总各小组成绩。

🎯 相关知识

一、推销洽谈的含义

推销洽谈即为推销面谈，也称业务谈判，它是指推销人员运用各种方式、方法和手段，向顾客传递推销信息，协调双方利益，说服顾客购买推销品的过程。

二、推销洽谈的内容

推销洽谈的内容是销售过程中所涉及的各种关键事项或交易条款，包括商品或服务的品质、数量、特性、价格以及收发货等事项。

1. 商品品质

商品品质是推销洽谈的主要内容之一，销售人员必须全面向顾客介绍推销品的质量、功能和外观特点，让顾客对推销品有一个全面的了解。

2. 商品数量

商品数量是指按照一定的度量衡来表示商品的重量、个数、长度、面积、容积等。

3. 商品价格

成交的价格直接影响交易双方的经济利益，所以价格是推销洽谈中最重要的内容，也是洽谈中极为敏感的问题。

4. 付款结算条件

在洽谈方案中，结算问题必须约定，包括结算的方式和时间。

5. 售后服务

售后服务是顾客极为关心的内容之一。在洽谈过程中，推销人员和企业应尽量满足顾客的正当要求，以解除顾客的后顾之忧。

三、产品展示

（一）FAB 利益销售

FAB 法是在商品推介过程中，将商品本身的特点、商品所具有的优势、商品能够给顾客带来的利益有机地结合起来，按照一定的逻辑顺序加以阐述，形成完整而又完善的推销劝说。FAB 关注的是客户的"买点"，其含义如下。

（1）"F"（Features or Fact）即特性，说明产品有哪些特点和属性。

（2）"A"（Advantage）即优点，说明产品与竞争对手有何不同；

（3）"B"（Benefit）即利益，说明给顾客带来的利益。

产品展示练习：使用 FAB 法介绍产品

请你从如表 5-6 所示的产品目录清单中选择一个商品，将介绍内容写在下面的方框中，以小组为单位向同组人员介绍产品。

表5-6 产品目录清单

序号	产品名称	产品介绍	备注
1	花满楼玫瑰鲜花饼	品名：遇见花香 口味：经典玫瑰花饼（6个） 价格：59元2盒	产品详细信息可在 happymiss 旗舰店查询
2	曼丹缤若诗美肌碳酸洁面慕斯	规格：180g 成分：添加温和洁净成分 功效：配合两种保湿成分，打造保湿润泽肌肤，边清洁边保湿，使肌肤干净又润泽 类型：焕亮型、控油型 价格：85元2瓶	产品详细信息可在 mandom 海外旗舰店查询
3	花西子粉底液	功效：遮瑕保湿，持久轻薄 价格：189元一瓶	产品详细信息可以在花西子旗舰店查询
4	九阳榨汁杯	型号：L3-C86 产品细节：婴儿奶瓶级材质，一键双击启动，大容量 价格：79元	产品详细信息可在九阳旗舰店查询

产品介绍：

学习：上述五类产品在李佳琦直播间有相关产品介绍，请观看学习。

（二）产品展示技巧

1. 把握产品展示重点

在产品展示的过程中，应该根据产品的特点和顾客的特点，抓住销售重点。同一商品对不同的顾客可能意味着不同的利益，不同的商品对同一顾客可能意味着相同的利益。

★课堂思考

楼盘的销售重点

楼盘销售时的展示重点：
(1) 投资——购买房屋可以保值、增值；
(2) 方便——上班、上学、购物的方便；
(3) 居住品质——空气新鲜，环境安静；

（4）安全——安保设计齐全；

（5）社会地位——能代表个人地位。

请选择一个楼盘项目，总结该楼盘的销售重点。

2. 通过证明说服顾客

（1）实物展示。实物展示是最好的一种证明方法，商品本身的销售重点，都可通过实物展示得到证明。

（2）专家的证言。推销员可收集专家发表的言论，证明自己的说辞。

（3）视觉的证明。照片、图片、产品目录都具有视觉证明的效果。

（4）顾客推荐。其他知名客户的推销也是极具说服力的。

（5）产品保证。保证书可分为两类，一类是售后的保证，如一年免费保养维修；另一类为品质的保证。

（6）统计及比较资料。一些统计资料及与竞争者的状况比较资料，能有效打动顾客。

拓展阅读

荐读书目

1. 戴尔·卡耐基. 羊皮卷［M］. 朱璐璐，编译. 北京：新华出版社，2018.
2. 任学武. 销售员培训手册［M］. 北京：中国铁道出版社，2019.
3. 金源. 你的推销能力价值百万［M］. 哈尔滨：黑龙江教育出版社，2018.

实训操作单

实训操作单如表 5-7 所示。

表 5-7 实训操作单

<table>
<tr><td>小组名称：</td><td colspan="5">小组成员：</td></tr>
<tr><td>任务名称</td><td colspan="5">产品演示技能训练</td></tr>
<tr><td>任务背景</td><td colspan="5">在推销洽谈中，有些信息无法用口头语言进行有效的传递，这时通过表演展示、示范表达的方式来完成，可以更生动形象地展示产品，制造一种真实可信的情境，使双方洽谈的主题进一步深化。以个人为单位，自选产品进行产品展示。</td></tr>
<tr><td rowspan="3">任务实施</td><td colspan="5">1. 展示产品。
2. 找出产品的 FAB。</td></tr>
<tr><td colspan="5">
产品名称	
F	
A	
B	
</td></tr>
<tr><td colspan="5">3. 进行产品展示。</td></tr>
<tr><td>实训分工</td><td colspan="5"></td></tr>
<tr><td rowspan="3">学生实训综合评估</td><td rowspan="5">教师评分</td><td>评价标准</td><td>分值/分</td><td>得分</td><td>备注</td></tr>
<tr><td>产品的推销要点</td><td>20</td><td></td><td></td></tr>
<tr><td>产品演示效果</td><td>20</td><td></td><td></td></tr>
<tr><td rowspan="2"></td><td>产品特性交代清晰</td><td>20</td><td></td><td></td></tr>
<tr><td>表达能力</td><td>20</td><td></td><td></td></tr>
<tr><td></td><td>现场展示感染力</td><td>20</td><td></td><td></td></tr>
<tr><td></td><td>生生互评评语</td><td colspan="4"></td></tr>
<tr><td></td><td>自我修正</td><td colspan="4"></td></tr>
</table>

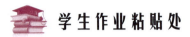

学生作业粘贴处

项目三　处理顾客异议

实训任务说明

1. 实训目标

通过实训项目，理解顾客异议的类型和成因；掌握各种顾客异议的应对方法和话术，提高辨别顾客异议真伪的能力。

2. 能力要求

※**理论要求**

（1）理解顾客异议的类型和成因。
（2）掌握各种顾客异议的原则和步骤。
（3）掌握各种顾客异议的应对方法和话术。
（4）掌握各种顾客异议的应对技巧。

※**技能要求**

提高辨别顾客异议真伪的能力，增强体会、理解顾客异议的能力。

※**思政要求**

遵守职业道德，在进行顾客异议处理的过程中遵纪守法。

3. 实训任务流程

（1）授课教师讲解处理顾客异议的相关理论知识。
（2）教师给出案例，学生通过案例分析，学习各类顾客异议的应对方法。
（3）授课教师给出工作任务背景，学生进行顾客异议的案例模拟。
（4）学生进行活动展示，学生和教师对方案进行点评和打分，教师汇总各小组成绩。

 相关知识

一、顾客异议的类型及成因

在接近客户、调查、产品介绍、示范操作、提出建议书到缔结签约的过程中，每一个推销步骤顾客都有可能提出异议，如果懂得异议产生的心理及处理技巧，就能冷静、恰当地化解异议，使成交更有希望。

（一）顾客异议的含义

所谓顾客异议，简单地说，是指在推销人员推销过程中，顾客提出质疑或拒绝的反应。在销售实践中，许多推销人员有过吃闭门羹的经历，但是对于一个有经验的推销人员来说，能从另一个角度来体验顾客异议，想方设法地寻找各种处理的方法和手段。

（二）几种主要的顾客异议

（1）对价格的异议。顾客认为产品价格过高而提出异议。

（2）对商品的异议。顾客对商品不满意而提出异议。

（3）对服务的异议。顾客对购买产品后推销人员承诺的服务项目能否落实所持的异议。

（4）对推销员的异议。顾客对推销人员本身产生异议。

（5）对购买时机的异议。顾客认为现在不是最佳购买时机。

（6）需要和支付能力的异议。顾客认为对产品需求不大或自身无法支付而产生异议。

（三）对待顾客异议的正确态度

顾客的异议是潜在顾客对推销人员的陈述不明白、不同意或反对的意见。顾客异议具有两面性。第一，它可能是成交的障碍。如果顾客没有得到满意的答复，他就不可能采取购买行动。第二，顾客提出异议也为交易成功提供了机会。如果推销人员能恰当地解决顾客提出的问题和异议，使顾客对产品、交易条件有了充分的了解和认同，就可能产生购买意向。因此，推销人员应尊重顾客异议，忌与顾客争辩。

二、处理顾客异议的原则与步骤

（一）顾客异议处理的原则

在处理顾客的异议时，应按照一定的原则、程序，把握恰当的时机，运用科学的方法来进行解决。

1. 面对顾客异议要自信

自信是良好心理素质的表现，也是推销人员顺利完成推销工作的基本保证。

2. 尊重顾客的异议

要想得到别人的尊重，首先应尊重别人。

3. 永不与顾客争辩

推销过程，也是人与人之间相互交流、沟通的过程。作为一名推销人员，应与顾客保持良好、和谐的关系，这是推销工作能顺利展开的一个重要条件。因此，一旦顾客有异议，最好不要与之争辩。

4. 认真分析顾客的异议

顾客的异议是一种自然现象，从某种意义上讲也是一种信息。作为推销人员应正确对待顾客的异议，并认真分析顾客的各种异议，寻找契机，根据顾客的不同类型、不同心理、不同要求及时采取对策，消除顾客的疑虑和不同意见。

5. 适时转化顾客的异议

顾客的异议也可以认为是顾客在购买过程中产生的一种心理障碍，甚至是对推销员推销工作的某种否定，如果不针对性地采取措施，排除障碍，将会对推销工作不利。因此推销人员应适时地转化和消除顾客的异议及提高产品及服务对顾客的吸引力。

（二）处理顾客异议的时机

1. 在顾客提出异议前首先给予处理

推销人员在推销活动中，往往会接触顾客并敏感地察觉到顾客可能提出的一些不同意见，并据此明确自己的思路，抢在顾客提出异议之前将答案准备好并予以回答。

2. 在顾客提出异议后马上处理

一般情况下，顾客提出不同的意见后，都希望能马上得到一个满意的答复，因此果断地处理顾客提出的不同意见是推销人员处理此类问题的最佳时机。推销人员千万不能回避，否则顾客的疑虑会加深，并拒绝与推销人员接触甚至拒绝购买。如果推销人员不能马上回答，也必须对顾客说明其中的原因并请求谅解，以争取顾客的大力支持与合作。

3. 推迟处理顾客的异议

作为一种特例，有时马上答复顾客提出的不同意见，反而对推销工作不利，需要采取推迟处理的办法来加以解决。若出现下列情况，可以采取此策略。

（1）不能马上给顾客一个满意的答复。

（2）若马上答复顾客的异议，反而对推销工作不利。

（3）顾客的不同意见将随时间逐渐减少或消失。

（4）不想反驳顾客的不同意见。

（5）想避开顾客的不同意见而不进行任何反驳。

（6）顾客的不同意见离题太远。

4. 不处理顾客的异议

顾客心情不佳时提出的一些借口或不同意见最好不予理睬，那些与推销活动无关的不同意见则更不应理睬。

（三）处理顾客异议的步骤

推销员要想比较容易和有效地处理顾客异议，还应按一定的步骤来进行。处理顾客异议的步骤如下。

（1）认真听取顾客的异议。

（2）回答顾客异议之前暂作停顿，厘清思路。

（3）复述顾客提出的问题。

（4）明确回答顾客提出的问题。

三、处理顾客异议的基本方法及话术

(一) 直接反驳法

1. 含义

直接反驳法是指推销人员以充足的理由和确定的证据直接否定顾客的异议的一种处理方法。

2. 运用

(1) 直接反驳法的运用条件：顾客对公司（企业）的服务、诚信有所怀疑时；顾客引用的资料不正确时。

(2) 运用直接反驳法应注意的问题：必须摆事实、讲道理，做到以理服人；态度诚恳，对事不对人；语气委婉，用词恰当。

(二) 间接处理法

1. 含义

间接处理法是指推销人员根据有关事实与理由间接否定顾客异议的一种处理方法。

2. 应用

间接处理法是一种先退后进的处理法，一般不会直接反驳顾客，有利于维护顾客的面子，也有利于保持良好的面谈气氛，使顾客更容易接受推销人员的看法。

(1) 间接处理法运用的条件：此种方法在大多数条件下可运用，适用面较广，主要适用于处理顾客提出的无效异议。

(2) 运用时应注意的问题：转折自然，理由充分；尽量避免"但是"一词，以免产生反作用。

(三) 利用处理法

1. 含义

利用处理法是指推销人员把顾客的异议变成劝说顾客购买的理由的一种处理方法。

2. 应用

利用处理法把顾客的异议变成说服顾客的理由，以攻为守，变被动为主动，直接引证顾客的话，让顾客感觉推销人员重视自己的观点、意见，有较强的针对性；转化顾客异议及时，能有效地促成购买。然而，如果使用不当，顾客可能会觉得推销人员在钻空子，抓了自己的话柄，有损面子，或者觉得推销人员强词夺理。因此，要妥善运用。

(1) 利用处理法运用的条件：此种方法主要适用于处理主观的顾客异议时。

(2) 运用时应注意的问题：尊重顾客；态度认真、温和；用语恰当。

(四) 补偿处理法

1. 含义

补偿处理法又称抵消处理法、比较法，是指推销人员利用顾客异议以外的产品或服务的优点来抵消顾客异议的处理方法。

2. 应用

补偿处理法在承认、肯定顾客异议的同时，说明达成交易对顾客的有利之处，可以给

顾客一种实事求是的感觉,增加顾客对推销人员的信任感,也有利于保持推销人员与顾客之间的良好沟通。但是处理不好可能会削弱顾客的购买信心,增加推销劝说的难度,也可能引起顾客更大的异议,降低推销效率。

(1) 补偿处理法运用的条件:此种方法适用范围很广,主要适用于顾客难以达到心理平衡的时候。

(2) 运用时应注意的问题:处理时应客观,实事求是;观点明确;扬长避短,突出优势。

(五) 询问处理法

1. 含义

询问处理法是指推销人员对顾客不明确的、不好理解的异议,向顾客进一步询问,以了解顾客真正的异议的处理方法。

2. 应用

询问处理法可以更多地反馈信息,了解顾客的购买心理,明确顾客异议的性质,从而更有效地转化顾客的无效异议。但如果运用不当,容易使顾客反感,给推销工作带来更大的阻力。

(1) 询问处理法运用的条件:此种方法主要适用于顾客提出特别难回答的问题时。

(2) 运用时应注意的问题:最好与其他方法结合使用;分清并把握顾客异议的真假点;自己提出的反对理由必须充分;通过询问化解顾客的异议;用语恰当,语气委婉;讲究礼仪,询问要适可而止。

(六) 糊涂处理法

1. 含义

糊涂处理法是指推销人员对顾客异议不予理睬或一带而过的一种处理方法,也即推销人员其实心里明白,表面却装作糊涂。

2. 应用

此种方法可以减少不必要的时间浪费,提高推销效率;避免节外生枝,转移顾客视线,把推销精力集中在重点的问题上,但是难以进行感情的交流,不利于人际关系的发展;如果不是针对有关异议,可能使顾客起疑心,难以消除异议。

(1) 糊涂处理法运用的条件:缓和洽谈的紧张气氛时;避免落入对方的圈套时;顾客提出显然站不住脚的借口时。

(2) 运用时应注意的问题:弄清顾客异议的性质;态度要温和谦恭;宽容。

(七) 转移处理法

1. 含义

转移处理法是指推销人员利用时间和场所的变换处理顾客异议的一种处理方法。不管顾客心里怎么想,他们的许多异议直接或间接地对推销人员的推销有帮助。推销人员利用异议本身对推销有利的一面来处理异议,把顾客拒绝购买的理由转化为说服顾客购买的理由。

2. 应用

转移处理法可以缓解买卖双方的紧张关系,给顾客以充分的时间进行理智思考,有利于将顾客由于情绪不佳而引起的异议转化成购买理由，但是这种处理方法拖延的时间太长，容易失去成交的机会。

（1）转移处理法运用的条件：推销员本身具有良好的业务素质和善于说服人的口才；顾客异议的事实根据不足。

（2）运用时应注意的问题：态度真诚、友好；不要给顾客以不重视他们的意见的印象；如果顾客异议与成交无关并属敏感性问题时，不宜用此法。

拓展阅读

荐读文章

成为销售高手的 21 条实用方法和技巧

成为销售高手的 21 条实用方法和技巧

思维导图

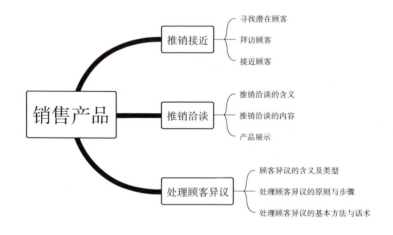

实训操作单

实训操作单如表 5-8 所示。

表 5-8　实训操作单

小组名称：			小组成员：		
任务名称	顾客异议处理技能训练					
任务背景	假如你是华信房地产公司的置业顾问,山语罗兰项目来了一位年龄在 45 岁左右、衣着艳丽的女士,对楼盘项目产生了兴趣,却对项目产生异议。				
任务实施	1. 列出顾客可能向你提出的三个异议。 2. 选择不同的方法分别处理以上三个异议。 3. 为每个异议的处理写出你与顾客之间的对话。				
实训分工	根据上述任务背景,两两组队,分别扮演置业顾问和顾客,处理顾客异议。 | 序号	分析异议类型	处理方法	备注 | |---|---|---|---| | 1 | | | | | 2 | | | | | 3 | | | |				
学生实训综合评估	教师评分	评价标准	分值/分	得分	备注
		顾客可能提出的异议	30		
		能正确分析异议类型	35		
		能正确处理顾客异议	35		
	生生互评评语				
	自我修正				

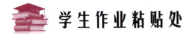 学生作业粘贴处

工作任务书　推销话术集

销售是个技术活,不仅拼技巧、拼情商,还要讲策略。在推销过程中,针对不同顾客的不同诉求,推销人员应用不同的话术应对。请你以山语罗兰房地产项目为工作任务,列出可能使用的推销话术,整理汇集,并形成书面材料。

工作任务六

客户管理——服务至上

项目一 客户开发

 实训任务说明

1. 实训目标

通过实训,要求学生了解潜在客户识别的方法,掌握开发客户的方法,能够与客户建立起联系,并能建立详细的客户档案,进行合理的企业客户筛选。

2. 能力要求

※**理论要求**

(1) 了解寻找潜在顾客的原则。
(2) 熟悉应对潜在顾客的具体策略。
(3) 熟悉开发潜在顾客的方法。
(4) 掌握建立客户信息档案的方法。

※**技能要求**

(1) 具有良好的语言表达能力,能与客户进行沟通协调。
(2) 具有搜集资料能力,能有针对性地获取资料。
(3) 具有团队合作精神和协调团队内部人际关系的能力。

※**思政要求**

熟悉相关法律法规,在客户开发过程中合法保护客户隐私。

3. 实训任务流程

(1) 教师讲解开发客户的相关知识。
(2) 学生以个人为单位,阅读"背背佳样板市场"案例,并在课堂上进行交流探讨,教师对案例进行点评。
(3) 学生以个人为单位,根据教师的讲解,完成实训操作单,建立顾客档案,并对顾客进行 ABC 等级划分。
(4) 对顾客档案建立情况进行课堂交流。
(5) 教师进行相关内容的总结。

相关知识

管理学大师彼德·德鲁克讲过："处理好与客户的关系很难，但也并不是一项无法完成的任务。"客户关系管理是一个既古老又新鲜的话题。作为古老的话题，实际上自从人类有商务活动以来，客户关系就一直是商务活动中的核心问题，也是商务活动成功与否的关键因素之一。作为新鲜的话题，是因为现代的客户关系管理不同于传统的客户关系管理，现代客户关系管理的产生源于当前需求拉动和技术推动带来的新挑战和新思维。

一、谁是你的潜在客户

（一）寻找潜在客户的原则

在寻找潜在客户的过程中，可以参考以下"MAN"原则。

（1） M（Money），代表"金钱"，所选择的对象必须有一定的购买力。

（2） A（Authority），代表"购买决定权"，该对象对购买行为有决定、建议或反对的权力。

（3） N（Need），代表"需求"，该对象有这方面（产品、服务）的需求。

（二）应对潜在客户的具体策略

潜在客户应该符合"MAN"原则，但在实际操作中，会碰到如表6-1所示的潜在客户不同情况，应根据具体情况采取具体对策。

表6-1 潜在客户不同情况

购买力	购买决定权	需求
M（有）	A（有）	N（有）
m（无）	a（无）	n（无）

（1） M+A+N：有望客户，理想的销售对象。

（2） M+A+n：可以接触，配上熟练的销售技术，有成功的希望。

（3） M+a+N：可以接触，并要设法找到A（有购买决定权）之人。

（4） m+A+N：可以接触，须调查其业务状况、信用条件等。

（5） m+a+N：可以接触，应长期观察、培养，使之具备另一条件。

（6） m+A+n：可以接触，应长期观察、培养，使之具备另一条件。

（7） M+a+n：可以接触，应长期观察、培养，使之具备另一条件。

（8） m+a+n：非客户，停止接触。

由此可见，有时潜在客户欠缺了某一条件（如购买力、购买决定权或需求），此时仍然可以开发，只要应用适当的策略，也能使其成为企业的准客户。

1. 准确判断客户的购买欲望

判断客户的购买欲望，有五个检查要点。

（1）对产品的关心程度：如对购买房屋的面积、隔间方式、公共设施、朝向等的关心程度。

（2）对购入的关心程度：如对房屋的购买合同是否仔细研读或要求将合同条文增减；要求房屋内部隔间修改等。

（3）是否符合各项需求：如小孩上学、大人上班是否方便；附近是否有超级市场；是否符合安静的期望，周围是否有喧闹的营业场所等。

（4）对产品是否信赖：对房屋使用的材料品牌是否满意，施工是否仔细，地基是否稳固等。

（5）对销售企业是否有良好的印象：客户对销售人员的印象左右着潜在客户的购买欲望。

2. 准确判断客户的购买能力

判断潜在客户的购买能力，有两个检查要点。

（1）信用状况：可从职业、身份地位等收入来源的状况，判断客户是否有购买能力。

（2）支付计划：可从客户是期望一次付现，还是要求分期付款以及支付的首期金额等，来判断客户的购买能力。

对客户购买欲望及购买能力两个因素进行判断后，就能够决定客户的购买时间，并进行下一步计划。

二、开发潜在客户的方法

（一）资料查询法

资料查询法是指通过分析各种资料寻找潜在客户的方法。具体有以下资料可查询。

（1）统计资料。统计资料包括国家有关部门的统计调查报告，行业在报刊或期刊上刊登的统计调查资料，行业团体公布的调查统计资料等。

（2）名录类资料。名录类资料包括客户名录（现有客户、旧时的客户、失去的客户）、同学名录、会员名录、协会名录、职员名录、名人录、电话黄页、厂家年鉴等。

（3）报章类资料。报章类资料包括报纸（广告、产业或金融方面的消息、零售消息、迁址消息、晋升或委派消息、订婚或结婚消息、建厂消息、诞生或死亡的消息、相关个人消息等）、专业性报纸和杂志（行业动向、同行活动情形等）。

（二）建立新关系

优秀的客户开发人员不仅善于利用现有关系，更善于建立新关系。例如，许多品牌经销商经常参加老乡会、同学会、战友会，还加入企业家协会，到干部培训中心拜访学员，参加高层次的培训课程等，结识潜在客户。

（三）连锁介绍法

连锁介绍法是指让现有客户帮助客户开发人员介绍新客户的方法，其被誉为客户开发人员的黄金法则。优秀客户开发人员有1/3以上的新客户是现有客户推荐的，尤其是如果团购决策者在行业内都有与其职位类似的朋友，就能为客户开发人员推荐一大批新客户。

要想让现有客户推荐新客户，关键是客户开发人员要树立自己的个人品牌形象，让现有客户满意。在运用连锁介绍法时，客户开发人员要找到现有客户中的权威客户，利用他们找到大量的黄金客户。

（四）光辉效应法

光辉效应法又称中心辐射法、名人效应法或影响中心法等。它是指客户开发人员在某一特定的区域内，首先寻找并争取有较大影响力的中心人物为客户，然后利用该中心人物的影响与协助，把该区域内可能的潜在客户发展为潜在客户的方法。

该法的得名来自心理学上的"光辉效应"法则。心理学原理认为，人们对在自己心目中享有一定威望的人物是信服并愿意追随的。因此，一些中心人物的购买与消费行为，就可能在他的崇拜者心目中形成示范作用与先导效应，从而引发崇拜者的购买行为与消费行为。光辉效应法适合于一些具有一定品牌形象、一定品位的产品或服务的销售，比如高档服饰、化妆品、健身等。

（五）会议寻找法

客户开发人员在各种展览会、信息交流会、信息发布会、订货会、技术交流会等会议上，能开发许多新客户。某客户开发人员只要听说哪里召开会议，就带着样品和宣传资料赶去参加，有一次拿到了几十万元的订单。

（六）强强联合

互补性产品可以与其相关的企业合作，共享客户。例如，某花生油厂经常与做团购的饮料、肉制品、日化等企业合作，互相利用对方的客户扩大销量。

（七）利用网络寻找相关客户

登录一些企业发布供求信息的贸易网站，寻找相关有需求的客户。同时也可以把自己的产品信息贴到网上，吸引客户。另外，政府采购信息也会刊登在网上（在网上查询到政府的采购需求信息，也可以开展业务）。

（八）代理人法

代理人法，就是通过代理人寻找潜在客户的办法。在国内，大多由客户开发人员所在公司出面，采取聘请信息员与兼职销售人员的形式实施，其佣金由公司确定并支付。实际上，这种方法是以一定的经济利益换取代理人的关系资源。

代理人法的不足与局限性在于，合适的代理人难以寻找，更为严重的是，如果客户开发人员与代理人合作不好、沟通不畅或者代理人同时为多家公司担任代理，则代理人可能泄露公司的商业秘密。

（九）直接邮寄法

在有大量可能的潜在客户需要某一产品或服务的情况下，用直接邮寄的方法来寻找潜在客户不失为一种有效的方式。直接邮寄法具有成本较低、接触的人较多、覆盖的范围较广等优点，不过，该法的时间周期较长。

（十）电话营销法

电话营销法，就是指利用电话和受过培训的人员，针对可能的潜在客户群进行有计划的、可衡量的市场营销沟通的方法。运用电话营销法可以在短时间内接触到分布在广阔地区内的大量潜在客户。

（十一）滚雪球法

滚雪球法，就是指在每次访问客户之后，客户开发人员都向客户询问其他可能对该产品或服务感兴趣的人的名单，这样就像滚雪球一样，在短期内很快就可以开发出数量可观的潜在客户。滚雪球法尤其适合服务性产品，比如保险和证券等。

（十二）市场咨询法

市场咨询法，就是指销售人员利用社会上各种专门的市场信息咨询机构或政府有关部门所提供的信息来寻找潜在客户的方法。使用该法的前提是存在发达的信息咨询行业，目前中国市场的信息咨询业正处于发展阶段。使用该法的优点是比较节省时间，所获得的信息比较客观、准确；缺点是费用较高。

三、将潜在客户升华为客户

开发新客户的关键是将潜在客户升华为客户。提高开发成功率的方法有多种，主要有以下几类。

（1）邮寄广告资料。
（2）登门拜访。
（3）邮寄私人性质的信函。
（4）邀请其参观展览会。
（5）在特别的日子里，寄送庆贺或慰问的信件。

为了有效地拜访潜在客户，必须把潜在客户按可靠程度进行分类，以便分别处理。分类项目可以划分为"应继续跟进访问的""拟间隔一段时间进行再次访问的"和"放弃访问的"三类。对于前两类客户，分别拟定重复拜访的频率。

四、建立客户档案

客户资料卡是销售经理了解市场的重要工具之一。通过客户资料卡，销售经理可以连续地了解客户的实际情况，从中看到客户的动态。据此，销售经理就可以对市场实际状态进行准确判断，并采取相应的行动。为了便于销售经理了解市场，营销人员必须下大力气建立客户档案。

（一）收集客户情报

通常情况下，收集的客户情报应包括基础资料、客户特征、业务状况、交易现状四个方面的内容。

（二）制作客户资料卡

客户资料卡的内容如表6-2所示。

表 6-2 客户资料卡的内容

类别	详细内容
基础资料	客户最基本的原始资料,主要包括客户的名称、地址、电话、经营管理者、法人代表及其个人的性格、爱好、家庭、学历、年龄、创业时间、与本公司的起始交易时间、企业组织形式、资产等
客户特征	主要包括服务区域、销售能力、发展潜力、经营观念、经营方向、经营政策、企业规模、经营特点等
业务状况	主要包括销售实绩、经营管理者和销售人员的素质、与其他竞争对手之间的关系、与本公司的业务关系及合作态度等
交易现状	主要包括客户的销售活动现状、存在的问题、保持的优势、未来的对策、企业形象、声誉、信用状况、交易条件以及出现的信用问题等

（三）客户资料卡的用途

（1）区别现有顾客与潜在顾客。

（2）便于寄发广告信函。

（3）利用客户资料卡可以安排收款、付款的顺序与计划。

（4）了解每家客户的销售状况，并了解每家客户的交易习惯。

（5）负责该客户的业务人员临时有事无法为客户服务时，接替者可以很容易地继续为该客户服务。

（6）利用客户资料卡可以订立节省时间、有效率、具体的访问计划。

（7）可以彻底了解客户的情况与交易结果，进而取得与客户的合作。

（8）可以为今后与该客户交往的本公司人员提供有价值的资料。

（9）根据客户资料卡，对信用度低的顾客缩小交易额，对信用度高的顾客增大交易额，从而便于制定具体的销售政策。

（四）筛选客户

企业营销人员应该每年都对手中掌握的客户进行筛选，将重点客户保留，而淘汰无利润、无发展潜力的客户。在筛选时，营销人员应将客户数据调出，进行增补或删改，将客户每月的交易数量及交易价格详细填写，并转移到该客户下一年的数据库里。

在筛选客户时，以下方面可以作为筛选依据。

（1）客户全年购买额。将1—12月的交易额予以统计。

（2）收益性。该客户毛利额的大小。

（3）安全性。营销人员要了解货款能否足额收回。

（4）未来性。营销人员要了解客户在同行业中的地位及其经营状况，分析其发展前途。

（5）合作性。营销人员要了解客户对产品的购买率、付款情况等。

（五）运用 ABC 法管理客户

ABC 客户分类法是根据事物在技术或经济方面的主要特征进行分类排队，分清重点和一般，从而有区别地确定管理方式的一种分析方法。运用这种方法时，把分析的对象分成

A、B、C三类，所以又称为ABC分析法。其中，A类占10%~15%，B类占15%~25%，余下为C类，A类为最重要的成熟客户。

（1）A类客户。A类客户代表"重要的少数"，它是指通过ABC法则，在目标客户群中选取的重点细分客户。对A类客户，要投入相当于竞争对手两倍的人力、物力和财力。

（2）B类客户。B类客户是数量和质量介乎C类与A类之间的客户。通常要把对这类客户的跟踪工作作为管理的重点，不时地拜访他们，听取他们的意见和建议。

（3）C类客户。C类客户是"琐碎的多数"，这类客户数量多而价值低。对于这类客户，不宜有过多的管理，但也不能缺少关注。

拓展阅读

1. 庄超. 浅谈加油站行业客户的开发与维护［J］. 时代经贸，2020（10）.
2. 陈颖恒. 航空公司红海时代的制胜法宝——新时代下的货运终端大客户开发策略［J］. 空运商务，2020（1）.
3. 刘丽君. 无锡苏宁聚丰园店的客户开发研究［J］. 现代营销（下旬刊），2019（12）.
4. 黄利鸿. 怎样做好区域客户开发［EB/OL］. 2019-09-16［2021-03-15］. http：//www.emkt.com.cn/article/668/66858.html.

 实训操作单

实训操作单如表 6-3 所示。

表 6-3 实训操作单

小组名称:		小组成员:			
任务名称	建立顾客档案				
任务背景	华信公司研发的保健产品、护肤品，在行业内有一定知名度，产品主要客户群为 30~60 岁、中等收入水平家庭。 假设你们在华信公司的销售部门工作，公司要求你收集 30~55 岁客户的基本资料。以组为单位，根据上述华信公司的情况，在校内和校外随机寻找 30 名路人进行资料采集，建立客户档案。收集的资料建档后，将客户进行分级，筛选出 ABC 类客户。				
任务实施	通过对开发客户理论知识的学习，制作客户需求调查表。				
实训分工					
学生实训综合评估	教师评分	评价标准	分值/分	得分	备注
		充分寻找客户	25		
		对客户进行评估	20		
		整理客户资料	30		
		筛选 ABC 类客户	25		
	生生互评评语				
	自我修正				

学生作业粘贴处

项目二 客户沟通

 **实训任务说明**

1. 实训目标

通过实训,要求学生了解倾听的重要性,掌握提问的技巧,能够更好地与客户沟通交流。

2. 能力要求

※理论要求

(1) 了解客户沟通的作用。

(2) 熟悉客户沟通的基本策略。

(3) 掌握客户沟通的小技巧。

※技能要求

(1) 具有倾听客户表达的能力。

(2) 能通过团队合作,运用相关资料解决相关问题。

(3) 具备较好的语言表达能力,能顺畅地与客户进行沟通。

※思政要求

遵守职业道德,在与客户沟通过程中注意方式方法。

3. 实训任务流程

(1) 教师讲解与客户沟通的相关知识。

(2) 学生以个人为单位,阅读"客服热线"案例,完成相关问题,并在课堂上进行交流探讨,教师对案例进行点评。

(3) 学生组队,4~5名学生为一组,根据教师所提供的任务背景和相关材料,每组分别派出一人扮演客户,一人扮演销售人员,销售人员模拟受理客户的服务要求。

(4) 各组作为观察员对演练学员进行评估,教师对各组的实训成果进行点评。

相关知识

客户沟通就是企业通过与客户建立互相联系的桥梁或纽带，拉近与客户的距离，加深与客户的感情，从而赢得客户满意与客户忠诚所采取的行动。良好的沟通对合作双方而言是双赢的，企业进行积极有效的客户沟通，有助于拉近企业与客户的距离，有利于巩固、提升和发展与客户的关系。

一、客户沟通的作用

企业通过与客户沟通，可以把企业的产品或服务信息传递给客户，把企业的宗旨、理念介绍给客户，加强与客户的情感交流。

（一）客户沟通是实现客户满意的基础

根据美国市场营销协会（American Marketing Association，AMA）的研究，不满意的客户有1/3是因为产品或服务本身有问题，其余2/3的问题出在企业与客户的沟通环节上。可见，客户沟通是使客户满意的最关键一环，尤其当企业出现失误时，有效的沟通有助于更多地获得客户谅解，减少或消除客户的不满。

（二）客户沟通是维护客户关系的基础

企业经常与客户进行沟通，才能向客户灌输双方长远合作的意义，描绘长期合作的愿景；才能在沟通中加深与客户的感情，稳定客户关系，从而使客户重复购买次数增多。

企业要及时、主动地与客户保持沟通，并且要建立顺畅的沟通渠道，这样才能维护好客户关系，赢得稳定的客户。

二、客户沟通的策略

（一）向客户表明诚意

由于沟通的成功有赖于双方的共同努力，因此企业与客户沟通时，要向客户表明自己是很有诚意的，可安排企业高层进行拜访，通过真诚的交流和情感沟通，增进彼此的理解。如果企业没有诚意，就不要指望得到客户的响应，也不要指望与客户的沟通能够获得成功。

（二）站在客户的立场上与客户沟通

客户是经济人，最关心的是自己的切身利益能否得到保障。从某种意义上说，客户购买的不仅仅是产品或服务，还包括企业对客户的关心以及客户对企业的信任。因此，企业只有站在客户的立场上，充分考虑客户的利益，把客户放在合作伙伴的角色上，才能获得沟通的成功。

三、客户沟通小技巧

（一）倾听的技巧

1. 永远都不要打断谈话

没有一个人喜欢被别人打断谈话。很多时候，一些人的倾听能力很差，他们不是无意打断,而是有意识地打断对方的谈话。

无意地打断谈话是可以接受的,有意识地打断谈话却是绝对不允许的。有意识地打断别人的谈话,是非常不礼貌的。当你有意识地打断一个人说话时,你会发现,你的对手会以同样的方式来回应你,最后你们两个人的谈话就可能变成吵架。因此,有意识地打断是绝对不允许的。

2. 听出对方的谈话重点

与对方谈话时,如果对方正确地理解了你谈话中的意思,你一定会很高兴,因为你所要表达的意思正确传递给了他。

(1) 适时地表达自己的意见。谈话必须有来有往,所以要在不打断对方谈话的原则下,适时发表自己的意见,这是正确的谈话方式。这样做还可以让对方感受到,你始终在专注地听他说话,而且听明白了。还有一个好处是,可以避免你走神或疲惫。

(2) 肯定对方的谈话价值。在谈话时,即使是一个小小的价值,如果能得到肯定,讲话者的内心也会很高兴,同时对肯定他的人产生好感。因此,在谈话中,一定要用心地去找对方的价值,并予以积极的肯定和赞美,这是获得对方好感的一大绝招。比如,对方说:"我们现在确实比较忙。"你可以回答:"您坐在这样的领导位子上,肯定很辛苦。"

(3) 配合表情和恰当的肢体语言。当你与人交谈时,对对方活动关心与否直接反映在你的脸上,所以,你无异于他的一面镜子。光用嘴说话还难以形成气势,所以必须配合恰当的表情,用嘴、手、眼等各个器官去说话。但要牢记,切不可过度卖弄,如使用过于丰富的面部表情、手舞足蹈、拍大腿、拍桌子等。

(4) 避免虚假的反应。在对方表达完自己的意见和观点之前,不要做出"我知道了""我明白了""我清楚了"等反应。这样空洞的答复只会妨碍你去认真倾听客户的讲话或妨碍客户进行进一步的解释。

(二) 提问的技巧

1. 开放式问题的使用技巧

开放式问题就是让客户比较自由地把自己的观点尽量都讲出来。这种提问的方式可以帮助企业代表去了解一些情况和事实。比如,当你去医院看病时,医生问你哪里不舒服,这就是一个开放式的问题。开放式的问题可以帮助企业代表了解客户的需求,知道问题出在哪里。

2. 封闭式问题的使用技巧

封闭式问题的使用是帮助客户来进行判断的,客户在面对问题时只需要回答"是"或者"不是"。封闭式的提问需要企业代表自身有很丰富的专业知识。大量地使用封闭式问题还有一个前提,就是所有的回答都必须是肯定的。如果所有的回答都是肯定的,那么客户就会觉得你很专业,因为你有非常准确的判断能力。

(三) 复述的技巧

复述的技巧包括两个方面,一方面是复述事实,另一方面是复述情感。这与倾听是相同的,因为复述也就是把你所听到的内容重新叙述出来。

1. 复述事实

复述事实的好处有三个。

（1）分清责任。企业代表通过复述向客户进行确认，印证自己所听到的内容。如果客户没有提出异议，那么若出现问题，责任就不在企业代表身上了。

（2）提醒作用。复述事实可以提醒客户，看是不是还有遗忘的内容，是不是还有其他问题需要一起解决。这是针对自己也搞不明白自己究竟需要什么东西的客户而采取的措施。当企业代表重复完，可以问问客户还有没有需要补充的，如果客户说没有了，那就可以进入解决问题的阶段了。

（3）体现职业化素质。复述事实还可以体现企业代表的职业化素质。对事实的复述不仅能体现企业代表的专业水准，还会让客户感觉到对方是在为自己服务，这在一定程度上满足了客户情感的需求。

2. 复述情感

复述情感就是对客户的观点不断地给予认同，比如，不时回应说："您说得有道理。""我理解您的心情。""我知道您很着急。""您说得很对。"这些都叫作情感的复述。在复述的过程中，复述情感的技巧是最为重要的，在使用时也非常复杂。

拓展阅读

粘住客户：从线上到线下

仅仅把未来商业理解成互联网创造虚拟生意，无疑过于偏颇。例如，线上到线下（Online to Offline，OTO）就被认为是下一个万亿级市场，是移动互联网时代的一座新"金矿"。OTO的核心命题是用互联网改造传统服务业，即如何应用互联网。这时候，OTO被赋予了新的含义，百度、阿里巴巴、腾讯等大公司纷纷布局，携程、大众点评网等专业公司开始探索，众多小公司也希望从中分一杯羹。

在中国，以OTO为代表的互联网对传统行业的冲击、改造与整合正在加剧。尽管从整个行业层面来看，IT和互联网投资趋冷，但OTO市场的投资热度不减。移动互联网发展速度加快，使得移动终端成为OTO发展的重要载体，而一批互联网巨头大力布局，典型应用格局逐渐明朗，本地商户网络意识增强，社会化OTO营销试水启动。未来，如，近触芯片（Near Field Communication，NFC）等技术应用的创新和普及，进一步推动银行、餐饮、票务等行业的OTO进程。

从线上到线下都粘住客户，是企业的永恒愿望。因此，OTO绝不是简单的技术，它必须是用户平台。"线上到线下"意味着区域特征明晰，同时要存在社会化互动。不过，做到"线上到线下"并非易事，在线上，需要符合用户习惯，提供用户消费选择的主要入口；在线下，需要面向数以万计商家的现场服务团队。本地服务往往是由很多不一样的行业组合在一起的，商家信息化水平参差不齐，渠道建设需要付出巨大成本。因此，有人将OTO平台的营销原则总结为三句话：信任决定购买，互动决定转化，服务创造口碑。这非常符合客户关系管理的基本道理。

（资料来源：王广宇. 客户关系管理[M]. 3版. 北京：清华大学出版社，2013.）

实训操作单

实训操作单如表6-4所示。

表6-4 实训操作单

小组名称：					
小组成员：					
任务名称	客户沟通技巧				
任务背景	假如你是华信服装公司的销售人员,你的客户来店里选衣服。 情景一：客户表现出对某件衣服的喜爱。 情景二：你建议客户试穿某件衣服,可客户不肯。 情景三：客户准备结账时,发现衣服上有瑕疵。				
任务实施	学生分小组进行情景模拟演练,每组根据上述情景,每组派出一人扮演客户角色,一人扮演销售人员,销售人员受理客户的服务要求。 模拟演练时,各组作为观察员对演练学员进行评估,完成观察作业。				
实训分工					
学生实训综合评估	教师评分	评价标准	分值/分	得分	备注
		职业化的形象	15		
		热情的态度	15		
		关注客户的需求	25		
		具备一定的与客户沟通的技巧	30		
		充分的工作准备	15		
	生生互评评语				
	自我修正				

学生作业粘贴处

项目三　处理客户投诉

 **实 训 任 务 说 明**

1. 实训目标

通过实训项目,能够建立良好的客户关系,能够分析客户流失的原因,能够有效进行客户投诉管理。

2. 能力要求

※**理论要求**

(1) 了解处理客户投诉的主要目的。

(2) 了解客户投诉的主要原因。

(3) 掌握处理客户投诉的对策。

※**技能要求**

(1) 具有处理客户投诉的基本能力。

(2) 能通过团队合作,运用相关资料解决相关问题。

(3) 具有团队合作精神和协调团队内部人际关系的能力。

※**思政要求**

熟悉相关法律,在处理客户投诉过程中遵守职业道德。

3. 实训任务流程

(1) 授课教师讲解处理客户投诉的方法和技巧。

(2) 学生进行自愿组队,分组完成实训操作单,并根据给出的背景资料讨论客户投诉处理意见。

(3) 组内分配角色,将处理建议进行情境演练。

(4) 教师和学生对各组实训任务进行点评。

相关知识

一、分析客户投诉

(一) 处理客户投诉的目的

处理客户投诉的目的主要有以下几个。

(1) 阻止顾客流失。
(2) 减少负面影响。
(3) 收集信息并加以利用。
(4) 转变视角,发现需求。
(5) 预警危机。

(二) 客户投诉的原因

1. 企业自身的原因

(1) 产品质量无法满足顾客。
(2) 服务无法满足顾客的需求。
(3) 对顾客期望值管理失误。

2. 顾客的原因

(1) 弥补损失。
(2) 性格的差异。

3. 环境因素

(1) 文化背景。
(2) 其他环境因素。

二、处理顾客投诉的对策

解决顾客投诉可以从以下几个方面进行：一是顾客未投诉时，企业应加强自身产品和服务的质量管理，确保顾客满意，减少投诉的产生；二是投诉产生时，企业应积极主动处理顾客投诉，尽最大可能让顾客满意；三是投诉发生后，企业应做好后期追踪工作。

(一) 减少投诉的产生

(1) 销售优良的商品。
(2) 提供优质的服务。
(3) 加强投诉处理的培训。
(4) 围绕"顾客完全满意"，建设新的企业文化。

(二) 有效处理顾客投诉

任何一个投诉都不是孤立存在的，都可能与企业的结构、流程、研发、销售和服务，甚至外部宏观、微观市场环境变化有关。企业要建立处理顾客投诉的机制，应构建顾客投诉管理系统，包括顾客投诉预警系统、投诉行为响应系统、投诉信息分析系统、投诉增值服务系统，为顾客投诉提供便利。

处理顾客投诉的主要步骤如图 6-1 所示。

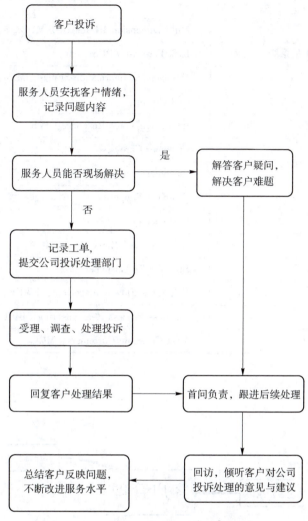

图 6-1　处理顾客投诉的主要步骤

拓展阅读

客户关系管理中常用的术语（中英文对照）如表 6-5 所示。

表 6-5　客户关系管理中常用的术语（中英文对照）

中文	英文
客户关系管理	Customer Relation Management，CRM
办公自动化系统	Office Automation，OA
产品数据管理	Product Data Management，PDM

续表

中文	英文
多维数据库	Multi Dimensional Database，MDBA
风险预警指标体系系统	Risk Forecast KPI System
管理信息系统	Management Information System，MIS
呼叫中心	Call Center
交互式语音应答	Interactive Voice Response，IVR
客户维护	Customer Care
客户服务	Customer Service，CS
客户支持	Customer Support
客户流失	Customer Lose
来电呼叫管理	Incoming Call Management，ICM
企业对最终消费者	Business To Customer，B2C
全流程管理	Full Work Flow Management，FWFM
业务流程重组	Business Process Reengineering，BPR
最具成长性客户	Most Growable Customers，MGC

思维导图

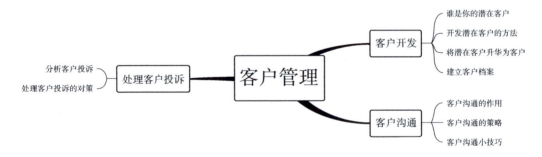

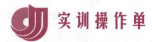 实训操作单

实训操作单如表6-6所示。

表6-6 实训操作单

小组名称：		小组成员：			
任务名称	客户投诉处理				
任务背景	春节前夕，刘先生在家附近的超市购买水果，准备送给朋友。刘先生看超市正在热销的苹果非常不错，打开外包装后，发现里面的苹果大小均匀，色泽鲜亮，就购买了三箱苹果。没过多久，刘先生返回超市，进行投诉，因为三箱苹果第一层皆为又大又红的苹果。但第二层和第三层的苹果个头明显比第一层的小，刘先生很是气愤，要求退货，并且赔偿。 该超市负责人马经理听到后马上前来询问，并对该顾客的投诉进行处理。				
任务实施	1. 阅读上述案例，分小组讨论客户投诉处理意见。 （1）顾客为什么会投诉？投诉的真正原因是什么。 （2）根据了解的事情经过，提出处理办法。 2. 小组根据讨论的处理办法，进行真实情景模拟，并筛选出最佳处理方案。				
实训分工					
学生实训综合评估	教师评分	评价标准	分值/分	得分	备注
		提出合理的投诉处理方案	60		
		情境演练表现	40		
	生生互评评语				
	自我修正				

学生作业粘贴处

工作任务书　如何建立良好的客户关系

　　华信集团是一家餐饮连锁集团,旗下有众多餐饮产业,涉及火锅、西餐、快餐等行业。假定你是华信火锅的负责人,你在运营过程中发现顾客忠诚度较低。通过调研发现,华信火锅没有一套完整的客户关系管理体系,无法满足客户对服务行业的需求。请你为华信火锅制定一份完整的客户关系管理制度,并形成书面材料。

工作任务七

创新创业——创赢未来

项目一 创新实训

实训任务说明

1. 实训目标

通过实训项目，学生了解什么是创新，创新有哪些类型；能够运用创新思维方法，通过小组成员间的合作完成相关的实训项目。

2. 能力要求

※理论要求

（1）了解创新的定义和类型。

（2）了解创新思维的定义和方式。

（3）掌握创新思维的两种工具。

※技能要求

（1）能使用思维导图进行创新思维思考。

（2）能使用六顶思考帽进行讨论。

※思政要求

遵守职业道德，能合理合法地开展创新工作。

3. 实训任务流程

（1）授课教师讲解创新的相关理论知识。

（2）老师下达任务，学生以小组为单位，使用创新思维工具，对任务进行讨论，并形成书面文件。

（3）学生以小组为单位对讨论结果进行展示，教师进行点评打分。

 **相关知识**

一、创新的定义和类型

(一) 创新的定义

"创新"一词，寓意为创立或创造新的事物。我们学习的创新，更多是经济学概念。奥地利经济学家熊彼特是创新理论的奠基人。

创新有狭义和广义之分。狭义的创新是指理论、方法或技术等某一方面的发明、发现、改进或新组合，主要立足于把技术和经济结合起来。而广义的创新主要是指创新行为，力求将科学、技术、教育等与经济整合起来，并表现在不同的层面上。

(二) 创新的类型

创新的本质是改变，从其表现形式上来说，创新可以分为两种类型：第一种是从 0 到 1，第二种是从 1 到 N。从 0 到 1 是在原有环境中创造全新的产品和事物，而从 1 到 N 是将现有产品和事物做得更好。创新的基本类型有产品创新、工艺创新、服务创新、商业模式创新四种。

二、创新思维

(一) 创新思维的定义

创新的核心就是创新思维，后者是前者的源泉。创新思维是相对于常规思维而言的，是指发明或发现一种新方式来处理某件事情或表达某种事物的思维过程。

一个人的能力主要取决于思维能力，同样，创新能力的核心也是创造性思维能力。创新思维是在常规思维的基础上发展起来的，但它是思维活动中最积极、最有价值的形式，是思维的高级形式，是人类探索事物本质，获得新知识、新能力的有效手段。

(二) 创新思维的方式

1. 方向思维

常见的方向性思维主要包括发散思维与收敛思维、横向思维与纵向思维、正向思维与逆向思维、求同思维与求异思维。

2. 形象思维

形象思维包括想象思维、联想思维、直觉思维、灵感思维。

(三) 创新思维的工具

1. 思维导图

思维导图，又叫心智导图、脑图、心智地图或脑力激荡图，是表达发散性思维的有效图形思维工具。它简单却有效，是一种实用的思维工具。

思维导图在应用时多以图文并用的方式进行绘制和布局，把各级主题的关系用相互隶属或相关的层级图表现出来，将主题关键词与图像、颜色等建立记忆链接，将思维和对象形象化。

> ★ 课堂练习

思维导图绘制

请以"我的大学生涯"为主题,在框中绘制一幅思维导图。

2. 六顶思考帽

六顶思考帽是英国学者爱德华·德·博诺(Edward de Bono)博士开发的一种思维训练模式。他用不同颜色代表不同的思考帽(虚拟),不同思考帽有各自的属性。

(1) 白色思考帽。白色代表中立而客观。戴上白色思考帽,只需要关注现实和数据,客观地举出事实,不加以解释。

(2) 红色思考帽。红色代表情绪、直觉、预感。戴上红色思考帽,人们可以表现自己的情绪,不必合乎逻辑,不必始终如一,不必有原因,只需要表达自己的真情实感。

(3) 黄色思考帽。黄色代表价值与肯定。戴上黄色思考帽,人们需要从正面考虑问题,表达满怀希望的、乐观的、建设性的观点。

(4) 黑色思考帽。黑色代表警告、怀疑、困难和风险。戴上黑色思考帽,人们可以运用怀疑、否定、质疑的看法,合乎逻辑地进行批判。

(5) 绿色思考帽。绿色代表创造力和想象力。戴上绿色思考帽,人们需要进行创造性思维、头脑风暴、求异思维等活动。

(6) 蓝色思考帽。蓝色代表公正、组织、协调和控制。戴上蓝色思考帽的人,需要负责控制和调节思维过程,比如各色思考帽的时间范围等。

在使用六顶思考帽时应注意,每种帽子都有限定的时间,不能无限制地使用;帽子可以单独使用,也可以系统使用、多次使用等。

> ★ 课堂练习

"六顶思考帽"会议

请以"提升班级学习氛围"为主题,使用六顶思考帽来组织小组会议。请将你的会议组织过程写在下框中。

三、创新的方法

(一) 列举法

列举法是一种将具体的特定对象,从逻辑上进行分析并将其本质内容全面地罗列出来,用以找到发明创造的创新方法。根据列举的属性,列举法可分为缺点列举法、希望点列举法等。缺点列举法的主要步骤有:

(1) 选定某项事物,有形的、无形的、工作上的、生活中的均可。
(2) 运用扩散思维,尽可能多地列出现有事物的各种缺点。
(3) 找出亟须解决的1~2个缺点。
(4) 围绕主要缺点,应用创新思维尽可能多地提出解决方案。
(5) 从众多解决方案中选出一个最佳方案,加以论证实施。

(二) 组合法

组合法是通过整个创造系统内部的要素分解、重组和创造系统之间要素的组合,从而产生新的功能和最优结果的方法,是将两种或两种以上的事物或理论的部分或全部进行有机组合、变革、重组,从而诞生新产品、新思路或形成独一无二新技术的方法。

(三) 移植法

移植法,是指将某个领域中已有的原理、技术、方法、结构、功能等,移植到其他领域,导致新设想诞生的方法。

实训操作单

实训操作单如表 7-1 所示。

表 7-1 实训操作单

小组名称:					
小组成员:					
任务名称	创新思维展示				
任务背景	手机是生活中必不可少的物品,手机方便了通信联络和日常生活,但也为很多学生提供了虚度时光的入口,有人沉迷于游戏无法自拔,有人在上课时机不离手,有人染上了"手机瘾"。请学生利用创新思维,思考如何让手机成为学生的"好帮手",而不是影响学习的"捣乱鬼"。				
任务实施	根据老师所提供的任务背景,完成以下问题。 1. 思考自己在日常学生和生活中,是否有"手机瘾"? 2. 分小组使用创新思维工具,讨论如何摆脱手机的控制。				
实训分工					
学生实训综合评估	教师评分	评价标准	分值/分	得分	备注
		创新思维工具使用	30		
		创新思维展示	40		
		小组成员汇报	30		
	生生互评评语				
	自我修正				

学生作业粘贴处

项目二　创业实训

实训任务说明

1. 实训目标

通过实训项目,了解商业模式的含义,能够绘制商业模式画布,对融资和新创企业的注册过程有明确了解。

2. 能力要求

※**理论要求**

(1) 了解商业模式的含义和商业模式画布。

(2) 了解创业融资的概念与流程。

(3) 熟悉新创企业的创办流程。

※**技能要求**

能绘制商业模式画布。

※**思政要求**

遵守职业道德,能合理合法地开展创业工作。

3. 实训任务流程

(1) 授课教师讲解创业的相关理论知识。

(2) 老师下达任务,学生以小组为单位,采用头脑风暴等方法,讨论创业新项目,并绘制商业模式画布。

(3) 学生以小组为单位对商业模式画布进行展示,教师进行点评打分。

 相关知识

一、商业模式

(一)商业模式的含义

商业模式是以价值创造为核心,描述企业如何创造、传递和获取价值的基本原理。商业模式的本质是关于企业做什么、怎么做、如何盈利的问题。商业模式是企业实现价值的核心逻辑,它的逻辑表现在价值发现、价值创造、价值获取三个方面,其中,价值发现是逻辑起点,价值创造是逻辑中介,价值获取是逻辑终点。

(二)商业模式画布

商业模式画布是对商业模式建立一种结构化的分析模型,一种视觉化的商业模型架构和分析工具。这个工具类似于画家的画布,预设了九个空格,可以在空格中画上相关构造块来描绘现有的商业模式或设计新的商业模式,能够帮助创业者催生创意、降低猜测,确保他们找对目标用户、合理解决问题。

商业模式画布不仅能够提供更多灵活多变的计划,而且更容易满足用户的需求,更重要的是,它可以将商业模式中的元素标准化,并强调元素间的相互作用。商业模式画布模型主要从商业的经营基础、客户、财务三个主要方面来阐述商业模式的九个基本构造块:客户细分(Customers Segments,CS)、价值主张(Value Propositions,VP)、分销渠道(Distribution Channels,CH)、客户关系(Customer Relationships,CR)、收入来源(Revenue Sources,RS)、核心资源(Key Resources,KR)、关键业务(Key Business,KB)、重要伙伴(Key Partners,KP)和成本结构(Costs Structure,CS)。如图 7-1 所示,在商业模式画布的 9 个方格中,每一个方格都代表成千上万种可能性和替代方案,设计者要做的就是找到最佳方案。商业模式画布模型分析可以帮助企业进行发展预测,对商业模式创新做出战略规划。

重要伙伴(KP) 让商业模式运转所需的供应商和合作伙伴的网络	关键业务(KB) 为了确保商业模式可行,企业应该做的重要的事情	价值主张(VP) 为特定客户细分创造价值的系列产品和服务	客户关系(CR) 与特定客户细分群体建立的关系类型	客户细分(CS) 企业想要接触和服务的不同人群和组织
	核心资源(KR) 让商业模式运转所必需的最重要因素		分销渠道(DC) 如何接触细分客户、传递其价值主张	
成本结构(CS) 运营一个商业模式所引发的所有成本			收入来源(RS) 从每个客户群体获取的现金收入	

图 7-1 商业模式画布模型

二、创业融资

（一）创业融资的概念与流程

创业融资是在创业背景下进行资金筹措的行为和过程。具体而言，创业融资是创业企业为实现创业目标，满足企业生存和发展需求，通过多方渠道、采取不同策略筹集所需资金的经济行为。

创业融资流程包括以下几个步骤。

（1）准备商业计划书。

（2）找投资人。这是创业融资过程中最关键的流程，主要途径有朋友介绍、给投资机构发商业计划书、找融资顾问、找天使投资人、参加路演活动、参加创业大赛等。

（3）约见投资人。

（4）与意向投资人进行谈判。

（5）签订投资意向书和投资协议。

（6）股权变更。在签完投资协议后，需要到工商行政管理部门变更股权。这时参与融资的各投资机构按投资额协议的约定，正式成为创业公司的股东。融资到这一步后，才算真正结束。

（二）投资人看项目的维度

1. 蓝海刚需

蓝海是指竞争对手很少或行业内还未出现巨头的行业；刚需是指顾客的刚性需求，而不是可有可无的需求。

2. 创新技术

创新技术是指在技术上有专利、新发明或者模式上有突破。从来没有人提过的项目是很吸引投资人的。

3. 优秀团队

优秀团队是指团队成员在专业、个性、特长方面优势互补。

4. 强力执行

强力执行是指创业团队不仅会讲故事，而且已经为项目做出了产品原型或者模式已经过市场验证，获得了一定的市场数据。

三、新创企业

（一）准备注册公司

在准备注册公司时，应想好以下内容。

（1）注册地址。注册地址可分为两类，一是将自己的居住地址作为注册地址，另一类是租用场地作为公司的办公场所，此时需要签订房屋租赁合同，作为注册地址的法律证明文书。

（2）公司名称。公司名称代表的是公司形象，在选择好公司名称后，需要到工商行政管理部门进行核名。

（3）注册资本。根据公司合伙人的多少以及公司的性质，确定注册资本。其中，如果有技术出资，应该将技术测算成资本。

（4）经营范围。确定公司注册成功后要在什么领域进行运营。

（5）组织架构。确定公司的法定代表、全体股东、监事身份信息及联系方式。新办一家公司至少要2名以上任职人员的信息。

（二）新创企业法律组织形式

新创企业的法律组织形式主要有以下几种。

（1）个体工商户。

（2）个人独资企业。

（3）合伙企业。

（4）有限责任公司。

（5）股份有限公司。

（三）新创企业注册登记

作为一家新建立的公司，注册登记主要涉及核实即将建立的公司名称、准备和预审相关资料、办理营业执照、刻制印章、开设银行对公账户等活动。

 拓展阅读

荐读书目

1. 陈华平. 商业模式创新：探索商业模式的未来之路 [M]. 北京：人民邮电出版社，2015.

2. 戴天宇. 商业模式的全新设计 [M]. 北京：北京大学出版社，2016.

3. 刘世忠. 商业模式参谋 [M]. 北京：电子工业出版社，2018.

实训操作单

实训操作单如表7-2所示。

表7-2 实训操作单

小组名称：		小组成员：			
任务名称		商业模式画布			
任务背景	\multicolumn{5}{l	}{作为一名即将毕业的大学生，在"大众创新，万众创业"的浪潮推动，以及国家对大学生创业给予众多政策支持的背景下，你和你的同学想根据自己在学校所学的知识，利用自己的优势创业。}
任务实施		采用创新思维工具，对创业的行业进行发散性思维讨论，并将最终的讨论结果绘制成商业模式画布。			
实训分工					
学生实训综合评估	教师评分	评价标准	分值/分	得分	备注
		创新思维工具使用	25		
		发散性思维讨论	25		
		创业方向	30		
		商业模式画布	20		
	生生互评评语				
	自我修正				

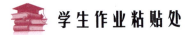 学生作业粘贴处

项目三　商业计划书与路演实训

实训任务说明

1. 实训目标

通过实训项目，使学生掌握商业计划书的撰写要求，并能进行路演；要求学生通过前期的合作交流，进一步加深了解，通过合作完成实训任务，提交一份完善的商业计划书。

2. 能力要求

※**理论要求**

（1）掌握商业计划书的撰写大纲。

（2）掌握路演的注意事项和策略。

※**技能要求**

（1）能够通过与队员合作，撰写商业计划书。

（2）具有实战路演的能力。

※**思政要求**

遵守职业道德，了解相关法律法规。

3. 实训任务流程

（1）授课教师讲解商业计划书和路演的相关理论知识。

（2）教师给出任务背景。

（3）学生以小组为单位，在前期创业项目的基础上完成商业计划书的撰写。

（4）学生进行路演展示，学生和教师对方案进行点评和打分，教师汇总各小组成绩。

相关知识

一、撰写商业计划书

（一）封面与摘要

1. 封面

封面作为商业计划书的"门面"，可以让阅读者首先注意到内容。一个好的封面会使阅读者形成良好的第一印象，并由此吸引阅读者进一步深入了解计划书的全部内容。

封面的要素一般包括图片、企业理念与愿景、浓缩的企业文化、项目名称、企业名称、法人信息及其他核心信息。在设计封面时应注意：一要开门见山，让阅读者通过封面就知晓企业的经营范围；二是要高度凝练，通过封面直观展示企业的核心商业信息；三是设计风格要与企业开展的业务一致。

2. 摘要

撰写摘要要能快速传达信息、提升读者兴趣和展示整个项目的核心信息。如果封面起到的是抛砖引玉的作用，那摘要则起到了架起初步沟通的桥梁、引领读者深入的作用。

摘要展示的主要内容包括：一是重点介绍企业和产品信息、所处的行业背景、经营计划说明、市场与用户定位、财务融资信息等；二是概述性介绍团队情况、产品制造、盈利模式、营销计划、财务计划等；三是简要回答阅读者最关切的问题。

（二）分析行业与市场

从全局看，行业是企业所处的宏观环境，市场则是企业要面对的微观环境，如何了解企业所处的大环境和小环境，需要借助管理学的相关工具和模型。

1. 分析行业

在分析行业时，可利用以下模型和工具。

（1）PEST 模型。

（2）SWOT 分析工具。

2. 分析市场

在分析市场时，可利用以下模型和工具。

（1）目标市场分析。

（2）STP 市场细分工具。

（3）波特五力模型。

经过调研，要形成比较科学的调研报告，以让阅读者直接了解被调查者的信息。撰写调研报告时要注意：一是用数据说话；二是适时使用图片和表格；三是将调研数据的渠道和来源表述清楚；四是把调查问卷附在文本后面。

（三）产品与服务

在产品与服务部门，主要介绍以下内容。

（1）介绍核心价值。

（2）介绍技术。

(3) 介绍产品的卖点。
(4) 介绍产品需求。
(5) 介绍产品服务。

(四) 营销计划

营销计划也称市场营销计划，是商业计划的重要组成部分，通常以年度为基准，着眼于与营销组合变量有关的决策，并考虑如何实施所拟订的具体内容与方案。无论创建的企业属于何种类型，具有多大的规模，每一个创业者都需要编制市场营销计划。

一个完整的营销计划包括市场调研分析、业务政策和战略、产品推广计划、实施方案及分析。在商业计划书中，这些内容可以根据整体逻辑结构，列入商业计划书的不同章节当中。

★ 课堂练习

在市场营销理论中，有三个重要的理论基础，分别是 4P 营销理论、4C 营销理论和 4R 营销理论，请你将这三个理论，写在下面的方框中。

```
┌─────────────────────────────────────────────┐
│                                             │
│                                             │
│                                             │
│                                             │
│                                             │
│                                             │
└─────────────────────────────────────────────┘
```

(五) 生产运营

生产运营是企业的基本职能之一，在企业的市场营销、生产运作、财务会计三项基本职能中，三者处在同一管理层次上，虽相互独立，但又有着十分紧密的协作关系。生产运营主要包括生产能力分析、生产作业计划和生产周期、其他配套管理内容等。

(六) 公司管理

公司治理主要包括人力资源管理、组织架构、股权结构三部分。此部分内容要让受众看到和感受到企业的管理是严密有序的，所以企业在撰写这一部分时要注意运用好企业组织结构图、岗位职责说明书等内容，可以采用文字描述和表格描述；组织架构可用图片展示。

(七) 风险对策

商业计划书要充分分析企业在市场、竞争和技术方面存在的基本风险，说明企业准备如何应付这些风险，企业还有什么附加机会；在最好和最坏情形下，底线思维是如何确定的。如果可能的话，对关键性参数进行最好和最坏的设定。

（八）财务预测

资金是一个企业正常运行的基础保障，如果把企业比作一支军队，那资金就是"粮草"。财务预测的财务数据主要通过损益表、资产负债表、利润表和现金流量表来展现。除此之外，还可以在商业计划书中进行偿债能力、营运能力和盈利能力分析，这些数据的测算可以通过专门的会计公式计算得出。

（九）附录

商业计划书是由创业者在前期进行大量市场调研的基础上，经过设计而撰写的文书。由于正文篇幅有限，需要用来支撑商业项目的资料可能无法全面在正文中展示，因此需要把这些支撑材料放在附录中。

需要特别注意的是，商业计划书的框架并没有明确的要求与标准，在实际撰写过程中可在上述框架中进行添加与删减。

二、商业计划路演

路演一词是外来名词，它的英文写法为"Road Show"，意思是在路上进行演示活动，也有人称其为"陆演"。路演主要是指在公共场所进行演说、演示产品、推介理念，以及通过演示向他人推荐自己的公司、团体、产品和想法的一种方式。

（一）路演注意事项

（1）热情饱满。作为创始人，必须发自内心地热爱自己所做的项目、所做的事情，向别人介绍项目时，能让所有人为自己的激情所打动。

（2）逻辑清晰。在路演时要把整个逻辑梳理清楚。

（3）侧重企业介绍。成熟的投资者不会花太多时间去听行业方面的介绍，创业者应把重心放在介绍自己的企业上。

（4）表达生动严谨。路演过程中，配合的PPT要生动简短、严谨，可用一些生动有趣的故事引起投资者的兴趣。

（二）路演策略

（1）不要什么卖点都讲。当产品卖点归纳过多时，投资人往往无法记住，因此，要提炼产品卖点，突出特色点。

（2）引导投资人提问的方向。

（3）对常见问题提前备课，避免回答不出投资人所提问题的尴尬情况发生。

（三）路演注意事项

（1）首要任务。要对高校老师评审、政府主管机构、投资机构等路演对象有所了解，围绕听众最想听的关键内容进行重点阐述。

（2）脱稿路演。路演时尽量不要念PPT，面对听众，而不是屏幕。

（3）实事求是。诚实说出企业现状，不回避问题或缺点。

（4）商业模式。突出项目优势，讲清商业模式和盈利模式。

（5）语言通俗易懂。化繁为简，在有限的时间里表述清晰。

（四）关于答辩准备事项

选择答辩队伍时，参加答辩的队员必须对项目非常熟悉，有很好的语言表达能力，同时演讲者要互相配合、锻炼自己的临场发挥能力。在答辩开始前，认真准备演讲文字稿，整理演讲思路，避免在答辩时由于紧张或准备不足而出现无条理、少重点等现象。同时在回答评委问题时，应注意以下几点。

（1）数字问题回答要准确。对于市场一年、五年战略以及基于战略的市场容量和增长率要熟悉。

（2）市场预测要有根据，回答要有条理。无论多困难，都要认真做好细分市场预测。

（3）评委针对不同项目提出不同要求，当临场被问及没有准备好的问题时，一定要注意认真听评委的问题，回答要精确，切忌答非所问。

（4）某些评委会问一些比较刁钻的问题，回答此类问题时可用幽默的形式来化解，并让评委满意。

 拓展阅读

荐读书目

黄华. 如何赢得创新创业大赛［M］. 北京：化学工业出版社，2019.

思维导图

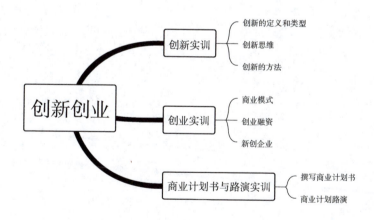

实训操作单

实训操作单如表 7-3 所示。

表 7-3 实训操作单

小组名称:		小组成员:		
任务名称	撰写商业计划书和路演			
任务背景	通过项目二的分组讨论,各小组已经有了创业的项目。在此基础上,小组共同分工讨论,形成商业计划书。并以 PPT 的形式进行路演,由小组成员共同完成路演汇报。			
任务实施	以小组为单位,完成最终商业计划书和路演。			
实训分工				
学生实训综合评估	教师评分	评价标准	分值/分	得分	备注
		商业计划书	50		
		路演	50		
	生生互评评语				
	自我修正				

学生作业粘贴处

工作任务书　参加创新创业大赛

2015年3月，国务院办公厅发布《国务院关于大力推进大众创业万众创新若干政策措施的意见》。该意见提出，"形成有利于创新创业的良好氛围""以创业带动就业、创新促进发展"。请从下列比赛中选择一个比赛进行了解，并根据比赛要求，完成商业计划书和路演等准备工作。

（1）"互联网+"大学生创新创业大赛。

（2）山东省黄炎培职业教育创新创业大赛。

（3）"挑战杯"中国大学生创业计划竞赛。

（4）中国大学生服务外包创新创业大赛。

参考文献

［1］［美］菲利普·科特勒，［美］凯文·莱恩·凯勒. 营销管理［M］. 15版. 何佳讯，于洪彦，牛永革，等译. 上海：格致出版社，2016.
［2］吴健安. 市场营销学［M］. 6版. 北京：高等教育出版社，2017.
［3］罗绍明. 营销策划实训［M］. 北京：机械工业出版社，2015.
［4］汪永太. 商品学概论［M］. 5版. 大连：东北财经大学出版社，2018.
［5］马刚，杨兴凯，姜明. 客户关系管理［M］. 3版. 大连：东北财经大学出版社，2018.
［6］谢和书，陈君. 推销实务与技巧［M］. 3版. 北京：中国人民大学出版社，2018.
［7］王方. 市场营销综合实训［M］. 北京：中国财政经济出版社，2015.
［8］胡华江，杨甜甜. 商务数据分析与应用［M］. 北京：电子工业出版社，2018.
［9］黄华. 如何赢得创新创业大赛［M］. 北京：化学工业出版社，2019.